AI와 영화미술

AI문고

인공지능 시대입니다. 기계가 인간의 인지를 대신하고, 사물이 인간을 통하지 않고 다른 사물과 직접 커뮤니케이션합니다. 이에 따른 인간 삶과 문명 변화를 정확히 이해 · 예측 · 대응하는 것은 이 시대 우리 모두의 과제입니다. AI문고는 인공지능 기술과 환경의 여러 주제를 10가지 키워드로 정리합니다. 관련 개념과 이론, 학계와 산업계의 쟁점, 우리 일상의 변화를 다룹니다. 인간과 기술의 현재, 미래를 세심히 분석합니다.

일러두기

- 인명, 작품명, 저서명, 개념어 등은 한글과 함께 괄호 안에 해당 국가의 원어를 병기했습니다.
- 외래어 표기는 현행 어문규정의 외래어표기법을 따랐습니다. 다만 '딥 러닝', '딥 드림', '딥페이크' 등은 관행을 따랐습니다.
- 이 책은 2023년도 상명대학교 교내연구비지원으로 수행되었습니다.

처음이세요?

전문가세요?

AI와 영화미술

심형근

대한민국, 서울, 커뮤니케이션북스, 2024

AI와 영화미술

지은이 심형근
펴낸이 박영률

초판 1쇄 펴낸날 2024년 8월 30일

커뮤니케이션북스(주)
출판 등록 2007년 8월 17일 제313-2007-000166호
02880 서울시 성북구 성북로 5-11
전화(02) 7474 001, 팩스(02) 736 5047
commbooks@commbooks.com
www.commbooks.com

ISBN 979-11-288-6646-3 03500

책값은 뒤표지에 표시되어 있습니다.

차례

디지털 에크프라시스로서 AI 프롬프트 디자인

AI가 지배하는 사회

우리 시대 담론들은 어느 하나 쉬운 주제가 없다. 그중에도 인공지능(AI, Artificial Intelligence)이 가져온 그리고 앞으로 가져올 변화가 가장 큰 부분을 차지하고 있다고 해도 과언이 아니다. AI의 정의는 견해에 따라 다르지만 일반적으로 '사용자가 입력하는 데이터를 인식하는 컴퓨터가 스스로 분석하고 학습해 쌓인 경험적 데이터를 기반으로 패턴을 파악해 사용자가 원하는 작업을 수행하거나 결과물을 산출하는 일련의 디지털 작업'이라고 정의할 수 있다. 이 작업은 마치 인간의 두뇌처럼 문제를 인지하고 해결을 위해 작동한다.

그렇다면 인간의 두뇌를 따라하려는 AI의 최종 목표는 결국 '인간의 정체성을 가진 기계'일까? 그 목표가 이루어질지는 모르겠지만 인간처럼 사고하는 기능은 일정 부분 성공적이라고 할 만하다. 현재의 AI가 가장 잘하는 '인간처럼 생각하기'는 바로 '패턴 분석'이다. 인간이 보고 듣는 정보를 스스로 이해하고 판단하는 것처럼 AI도

무수히 많은 데이터를 편집하며 결과를 찾기 위해 필요한 패턴을 찾아낸다. AI는 데이터의 패턴을 분석해 문제를 해결하려는 과정으로, 머신 러닝(Machine Learning)이나 딥 러닝(Deep Learning) 등의 기술을 이용해 점점 더 인간의 두뇌 활동과 유사해져 가고 있다. 미래의 AI는 마치 SF영화처럼 인간의 능력을 넘어서는 초능력 존재가 되어 있을지도 모른다.

이미 현대사회의 많은 부분이 AI 처리 장치에 의존하고 있으며, 효율적 업무 프로세스로 생산성 향상에 의존하기 시작한 인간은 더욱더 많은 분야에 기계 지능의 개입을 추진하고 있다. 인텔의 공동 창업자 고든 무어(Gordon Moore)는 1965년 "반도체 집적회로의 성능이 24개월마다 두 배로 증가한다"는 '무어의 법칙(Moore's law)'을 선언했다. 그의 말을 컴퓨터의 연산 능력이 중요한 AI 세계에 단순하게 대입하면, 2년마다 두 배로 증가하는 AI 시스템을 만날 수 있다는 얘기가 된다. 실로 엄청난 변화의 속도다. 사실 지금도 구글 검색, 페이스북의 얼굴 인식, 넷플릭스 영화 추천에서 자율 주행까지 AI 기술은 우리 일상에서 쉽게 발견할 수 있다. 이렇게 삶의 일부분이 되어 버린 이 기술들은 구글, 메타(Meta)와 같은 거대 기업들이 사용자의 빅데이터를 기반으로 구축한 시스템이다. 이처럼 대중의 지문이 고스란히 남아 있는 빅데이터의 패턴을 읽어 내는 AI 기술은 인간 사회에 여러 가지 부정적 의문을 남기기도 한다.

그 의구심 중에는 유일하게 사람 사이에서만 이성적 대화가 가능하다고 믿었던 기성세대의 닫혀 있는 인식도 자리하고 있다. 그에 반해 직접 통화나 대면 인터뷰를 꺼리는 젊은 세대들은 AI 챗봇과의 대화가 마음이 더 편하다고 말하곤 한다. 이렇게 AI는 일각의 우려에도 우리 일상에 이미 깊숙이 관여하고, 사회 공동체 전 분야에 커다란 영향을 주고 있다. 결국 우리 세계에서 인간은 기계로 향하고, 기계는 인간을 향해 더욱 다가가고 있다.

AI 기술을 인지하고 사용하는 많은 사람들이 생성형 AI(generative Artificial Intelligence)를 AI의 다음 단계라고 말하곤 한다. 생성형 AI 혹은 제너레이티브 AI는 독창적이면서 사실적인 이미지, 텍스트, 음악, 비디오 등 새로운 콘텐츠를 생성하는 AI다. 2022년 11월 세계적 AI 전문 기업 Open AI는 딥 러닝을 사용해 인간과 유사한 텍스트를 생성하는 GPT-3.5(Generative Pre-trained Transformer3.5) 모델 기반의 ChatGPT를 출시하며 생성형 AI의 대중화를 이끌었다. ChatGPT로 생성형 AI가 대중적으로 알려지고 사용되기 시작했으며, AI의 영향력은 모든 산업으로 확대되어 갔다. 대규모 자연어를 기반으로 기계 학습을 하는 ChatGPT는 2023년 1월에 가입자 1억 명을 넘기며 그야말로 태풍의 핵이 되었다. 출시 이후 오픈AI는 혁신을 거듭하면서 2024년 5월 GPT-4O(GPT-4 Omni)를 발표해 다시 한번 세계를 놀라게 했다.

생성형 AI는 데이터를 학습하고 패턴을 분석해 독특하고 새로운 콘텐츠를 생성하기 위한 일종의 기계 학습, 즉 머신 러닝 모델을 훈련하는 프로그램이다. 또한 생성형 AI 기술은 딥 러닝 알고리즘인 생성 적대 네트워크(GAN, Generative Adversarial Networks)와 변형 자동 인코더(VAE, Variational Auto Encoder) 등을 사용해 인간의 창의적 능력에 도전한다. 이 기술들은 기존 AI의 한계를 벗어나 사용자의 입력 데이터가 추구하는 창조적 방향성을 유지하기 위한 지식 추론을 기반으로 콘텐츠를 새롭게 산출해 낸다.

글로벌 시장 조사 전문 기관 아리즈톤(Arizton)의 2024년 6월 보고서 『2024-2029 글로벌 생성형 AI시장 전망 및 예측(Global Generative AI Market - Outlook & Forecast 2024-2029)』에서 "생성형 AI는 2023년 141억 7000만 달러로 평가되었으며, 2029년에는 37.64% 성장

해 963억 6000만 달러에 이를 것"으로 예상했다. 시장에는 스테이블디퓨전(Stable Diffusion)을 비롯해 미드저니(Midjourney)와 달리 투(DALL-E 2)와 같은 다양한 TTI(Text to Image), TTV(Text to Video) 등의 생성형 AI 모델 소프트웨어와 애플리케이션이 속속 등장했다. 얼마 전까지만 해도 새로운 양질의 콘텐츠를 만들기 위해 필요했던 수많은 전문가들의 능력과 시간 그리고 비용 등이 포함된 복잡한 과정이 획기적으로 단순해지고 쉬워졌다. 이제 어느 정도 수준의 생성물은 사용자의 간단한 텍스트 입력만으로 실시간 해결 가능한 환경이 구현되고 있다.

이 같은 생성형 AI의 창의적 기능은 예술과 디자인 분야에 더 많은 가능성과 기회를 가져왔다. 반면 일자리 감소와 저작권 윤리 문제와 같은 AI의 어두운 그림자도 만들어졌다. 따라서 생성형 AI를 대하는 디자이너의 올바른 자세 정립이 그 어느 때보다 필요한 시점이다. 예술가와 디자이너는 새로운 패러다임의 파고가 조성한 창의적 환경에 대응하는 열린 자세가 필요하다. 생성형 AI가 지향하는 인간의 창의성에 대한 도전은 예술가와 디자이너에게는 받아들이기 힘든 위기다. 예술적 상상력은 신이 인간에게 유일하게 허락한 선물이라고 생각했던 믿음을 심연에서 흔드는 이 위기는 그들이 헤쳐 나가야 할 거대한 미로와 같다.

예술가들은 새로운 차원의 창조적 능력을 찾아야 하며 AI의 도전을 의연하게 받아들여야 한다. 인간에게 창의적 능력은 아직 사라지지 않았으며, 우리에게는 시간이 충분히 많다. 따라서 예술가와 디자이너는 AI 사회가 가져온 생산성 확대를 기회로 새로운 창의의 지평을 준비해야 한다. 더불어 증대된 영향력에 책임감도 가져야 한다. 이것은 윤리 문제와 연결되어 있다. 인간의 삶과 분리하기 힘들어져 버린 AI가 생성한 결과로 사람들에게 어떠한 영향을 끼치는지 부지런히 탐색해야 할 때다.

기계 속의 예술가

역사상 최초의 AI 예술 프로그램은 '에런(AARON)'이었다. 런던에서 활발하게 활동했던 화가 헤럴드 코언(Harold Cohen)은 1968년 캘리포니아 샌디에이고대학교(University of California, San Diego)에서 특이한 소프트웨어 개발을 시작했다. 그것은 스스로 무엇인가를 선택하도록 명령된 일련의 컴퓨터 프로그램으로 1970년대 초에 AARON이라는 이름으로 완성되었다.

코언은 실제 그림을 그릴 수 있는 하드웨어 장치를 제

작해 에런으로 독창적 예술 이미지 생성을 시도했다. 첫 번째 AI 기반 기계는 평판 플로터 장치를 사용해 흑백으로 그림을 그렸다. 1990년대에 코언은 에런이 창조한 이미지를 특수한 브러시와 염료로 직물에 출력한 작품을 선보이기도 했다. 이 모든 작업들은 예술가의 개입 없이 컴퓨터 프로그램 자체가 선택해 이루어졌다. 하지만 에런은 처음부터 스스로 새로운 스타일이나 이미지를 학습할 수 없는 한계도 가지고 있었다. 또한 에런이 생성한 디지털 작품은 튜링 테스트(Turing test)의 예술적 대응물로 사용되기도 했다. 이러한 코언의 시도는 우리의 삶 속에 이미 큰 부분을 차지하고 있는 AI가 예술에서 새로운 시대의 창을 열어 준 첫 사례라고 할 수 있다.

코언의 에런 이후, 2015년 구글은 '딥 드림(Deep Dream)'이라는 AI로 '예술 하는 기계'를 세상에 드러낸다. 딥 드림은 인간의 뇌에서 정보를 유통하는 뉴런 신경망을 기초로 '인공 신경망(neural network)'을 구축했다. 인공 신경망을 이용한 딥 드림은 수많은 이미지를 인식하고 저장하며, 그 과정에서 식별된 이미지의 특징들을 추출해 새로운 자신만의 이미지로 시각화한다. 딥 드림이라는 프로그램 이름도 마치 깊은 꿈을 꾸는 듯 추상적이라고 해서 붙여졌다. 그리고 딥 드림이 그린 작품 29

점은 2016년 2월 샌프란시스코 미술 경매에서 총 9만 7000달러에 모두 팔렸고, 이 장면은 기계 예술가가 예술의 역사에 등장한 획기적 사건으로 기록되고 있다. 이처럼 인간의 예술 시장에 진입한 기계 예술가는 새로운 예술적 발상이 샘솟는 창의의 신세계를 인간 예술가에게 선물하게 된다.

예술은 본디 인간의 전유물이며, 창의적 사고는 마치 본능과 같다고 우리는 생각해 왔다. 하지만 AI의 출현과 창의적 '출력물'을 보면서 인간은 호기심과 두려움이 교차했다. 그 호기심과 두려움은 AI 예술(Artificial Intelligence art)이라는 새로운 예술 카테고리를 형성하며 점점 독립적 예술 영역으로서 가치를 만들어 간다.

AI 예술은 방대한 분량의 디지털 정보를 기반으로 한다. 입력한 데이터를 인식한 AI 기계 예술가는 스스로 딥러닝 또는 머신 러닝 프로그램으로 학습하고 판단해 새로운 예술 작품을 생성한다. AI 예술은 스스로 경험한 데이터를 인지 대상과 비교하면서 학습해 미학적으로 '경험 미학'에 속한다고 볼 수 있다. 이제 예술은 인간의 미적 탐구만 존재하는 것이 아니다. 예술이 인간의 전유물이 더 이상 아닐지도 모른다.

이렇듯 우리는 딥 드림 알고리즘을 비롯한 다양한 인

공 신경망 기술로 기계가 창의적 결과물을—예술 작품으로 인정받든 아니든— 생성할 수 있다는 것을 알게 되었다. 하지만 기계 예술가의 창의성이 인간의 그것과 비교할 수 있을 정도인지 아니면 실제로 인간 예술가의 친절한 조수이거나 도구에 불과한 것인지는 논란이 많을 수밖에 없다.

창의성 분야의 권위자이자 영국 유니버시티칼리지 런던(University College London)의 과학사 및 과학철학 교수였던 아서 밀러(Arthur I. Miller)는 『기계 속의 예술가: AI 기반 창의성의 세계(The Artist in The Machine: The World of AI-Powered Creativity)』(2019)에서 창의성과 AI 예술 사이의 관계에 대해 다양한 관점을 제시하고 있다. 특히 밀러는 "컴퓨터가 이미 인간만큼 창의적일 수 있으며 언젠가는 우리를 능가할 것"이라며, 인간 예술가와 동등한 창의적 역할을 할 수 있는 능력을 가진 AI의 현재와 미래를 낙관적으로 진단했다. 그는 기계 속 예술가가 이뤄 낸 창의적 모험과 발전 과정을, 알파고와 이세돌 기사의 바둑 대결이 보여 준 창의성과 생성적 적대 신경망을 통한 미술 작품 제작의 창의성으로 설명하며 기계 예술가와 인간의 예술적 협업이 가능하다고 말했다.

밀러의 낙관적 전망에도, 기계와 인간의 예술적 협업에서 지금은 인간 예술가의 역할이 큰 것이 사실이다. 인간의 창의성을 발전시키는 데 AI가 일정 부분 역할은 했지만 인간의 창의성을 완전히 따라잡았다고 하기에는 아직까지 부족하다. 하지만 가까운 미래에 밀러의 예견처럼 기계가 독자적으로 창작하는 능력을 갖추는 것이 현실이 될 수도 있다.

그렇다면 인간 고유의 창조 능력과 AI의 창조성은 평등한 관계일 수 있을까? 독자적 창의 능력을 갖춘 기계 예술가는 인간 예술가의 지위를 가질까? AI는 사용자의 프롬프트 입력 없이도 대중의 마음을 사로잡는 자신의 예술을 스스로 내어놓을 수 있을까? 그렇게 창조해 내는 예술은 과연 기계만의 주관적 심상의 표현일까? 또한 그것의 예술성을 누가 평가하고 어떤 기준으로 인정할까? 그리고 진정한 기계 예술가가 출현한다면 인간 예술가는 어떻게 AI와 공존하며 상호 예술성을 확보할까? 아니면 인간이 AI 예술가와 비교 대상이 되는 현상 자체를 부정해야 할까?

AI 예술을 대하는 우리 앞에는 무수히 많은 어려운 문제들이 놓여 있다. 따라서 인간을 닮은 AI의 창의성을 인간 사회의 미학적 범주에 담는 과정은 다분히 심층적 연구가 필요하다.

이 연구는 인간과 AI의 사고 과정 차이부터 인식하고 시작해야 한다. AI 알고리즘의 창의적 프로세스는 인간이 창조해 내는 방식과 닮아 보이지만 어떤 면에서는 사실 많이 다르다. 인간의 예술은 이성을 기반으로 감성적 작품을 도출하는 일반적 규칙들이 존재하지만 AI 예술가는 그런 규칙보다 수학적 사고가 먼저다.

AI 알고리즘의 패턴 분석에서 얻어진 결과는 보드리야르(Jean Baudrillard)가 말한 '가짜 복제물'로서 시뮬라크르(Simulacre)에 가깝다. 본디 시늉이나 흉내를 뜻하는 프랑스어 시뮬라크르는 가상 혹은 거짓 그림 등의 뜻을 가진 라틴어 시뮬라크룸(Simulacrum)에서 유래했다. 시뮬라크르가 작용하는 현상을 시뮬라시옹(Simulation)이라고 한다. 그는 원본과 복제품을 구별할 수 없고 나아가 원본 없는 복제품이 만연하는 현대 사회의 특성을 시뮬라크르를 내세워 설명했다. 따라서 우리는 지금 원본과 복제를 구별할 수 없는 시뮬라시옹의 세계에 살고 있다고 할 수 있다. 결국 '어느 것이 원조인가'보다 '어느 것이 더 가치가 있는가'가 우리 사회에 더욱 중요함을 시뮬라시옹의 세계는 전하고 있다. 또한 원본 없이도 존재가 가능한 시뮬라크르에 의해 원본과 복제의 경계가 모호

해지고 나아가 복제가 점차 원본을 대체하는 현상이 현대 사회의 가장 큰 특징이라고 보드리야르는 말했다.

AI 예술이 시뮬라크르라고 해서 예술성 자체가 인정받지 못할 이유는 없다. 비록 인간의 예술이지만 이미 시뮬라크르 세계의 예술로 추앙받은 팝아트가 존재하며, 심지어 아서 단토(Arthur C. Danto)가 1984년 '예술의 종말'을 선언한 이래 인간 예술의 정체성은 큰 위기에 놓여 있기 때문이다.

그럼에도 예술 작품의 창조가 수학적 계산으로 결정된다는 사실을 받아들이기엔 인간의 자존심이 허락하기 어렵다. 둘 사이에는 큰 강이 존재한다. 이 차이는 불완전성이다. 불완전성에서 출발한 기계적 알고리즘은 비결정적 결과로 나타나며, 이 과정에서 인간의 감정을 자극하는 새로운 예술성을 발견하게 된다. 미학적 발견은 존재하지만 독립적 창조로서 인정받기 위해서는 인간과 AI 양쪽에 더 많은 시간이 필요해 보인다.

따라서 우리는 AI가 도출한 콘텐츠의 창의적 예술성을 기계 예술가의 예술성과 인간과의 관계, 그리고 윤리 문제를 논의한 후 새로운 기준으로 만들어 가야 한다. 지금은 어떻게 공존할 것인가 하는 깊은 고민이 필요한 때다. 어렵고 모호한 질문의 해답을 찾는 노력들로 우리 사회는 AI의 미래로 향하는 올바른 출구를 찾게 될 것이다.

영화미술과 디지털 에크프라시스

많은 예술 분야 중 4차 산업혁명과 첨단 디지털 기술의 발전에 가장 민감한 것이 영화 산업이기에 영화 제작 분야에 AI의 영향은 깊고 광범위할 수밖에 없다. 더군다나 글로벌 OTT(Over-the-Top)의 패권 경쟁과 스마트폰을 포함한 다변화된 디지털 매체의 팽창은 영화 산업에 콘텐츠의 질적, 양적 성장을 촉구했다. 이 같은 시장의 요구는 영화 제작에서 생산성 향상을 위한 효율적 대안을 찾도록 종용했다. 많은 문제가 있음에도 생성형 AI는 훌륭한 대안 역할을 하기에 충분했다. 생성형 AI는 배우의 나이와 상관없이 그를 어린아이 혹은 할아버지로도 만들 수 있다. 더 나아가 디지털 휴먼으로 인간 배우를 대신할 수도 있다. 또한 AI는 다양한 시나리오 시안을 창작할 수도, 모든 변수에 대응하는 효율적 촬영 스케줄을 작성하거나 광범위한 로케이션 속에서 최고의 화면을 찾아낼 수도 있다. 심지어 이 모든 일에 들어가는 예산을 획기적으로 줄이면서 말이다.

영화는 캐릭터와 공간이 한데 어우러진 '영화 화면'을 시각적으로 구체화해야 한다. 여기서 화면을 위한 시각화의 조건인 형상화와 구성을 영화미술(film arts)이라고 한다. 영화미술도 생성형 AI의 영향에서 자유로울 수 없다. 영화미술 분야에 AI가 새롭고 강력한 도구로 인식되면서 디자이너의 콘셉트 빌딩에 필요한 수많은 고뇌의 시간을 상당 부분 줄여 주며 그들의 창작 스트레스를 완화해 주고 있다.

프로덕션 디자이너를 비롯한 아트 디렉터, 세트 디자이너, 콘셉트 아티스트, 스토리보드 아티스트, 캐릭터 디자이너, VFX 디자이너 등 영화미술 전문가들은 생성형 AI 모델을 활용해 창의적 생산성 향상을 시도하고 있다. AI 신경망을 이용한 창작 과정은 다분히 효율적이지만, 어떻게 AI를 디자인 프로세스와 효과적으로 접목할 것인가 하는 논의, 특히 예술의 창의성, 창의적 노동의 위협, 창작 윤리와 저작권 해결 방안 모색도 아주 중요한 문제다.

고대 그리스 호메로스(Homer)의 서사시 일리아드(Iliad)의 한 구절을 보면, 영웅 아킬레스가 트로이전쟁에서 헥토르와 싸울 때 사용한 방패를 구체적으로 설명한다. 마치 실제로 자세히 보면서 설명하듯 말이다. 이 같은 고대 그리스의 수사학을 에크프라시스(Exphrasis)라고 한다. 에크프라시스는 말하는 자 본인의 경험을 언어로 묘사하려는 시도로 듣는 자에게 그 경험을 대신하게 하는 수사학적 표현이다. 특히 조형예술로 표현된 시각예술 작품을 언어로 자세하게 서술하는 '시각적 재현의 언어적 묘사'가 에크프라시스에서 가장 많이 볼 수 있는 형태다. 이것은 회화나 조각의 세세한 부분을 문자나 언어로 표현해 관객들이 작품을 명확히 이해하게 하기 위함이다.

문자와 이미지의 밀접한 관계를 고대 그리스 서정시인 시모니데스(Simonides)는 "그림은 말 없는 시, 시는 말하는 그림"이라고 표현하기도 했다. 이때의 수사학적 기술에 기반을 둔 언어적 재현은 시각적 원작의 예술성을 높이고 관객에게 생생한 현장감을 제공한다. 에크프라시스는 작품의 내러티브 설명 외에도 창작 과정을 반영해 작품에 더 깊은 의미를 더할 수 있다. 이때 관객은 실제로는 볼 수 없는 작품을 상상 속에서 마주하게 된다.

인간은 그림으로 정보를 소통하다 문자가 발명되면서 그것을 대신하게 되었다. 바야흐로 과학기술의 발전은 문자 시대에서 디지털 시대로 전환을 촉구했고 예술에서 이미지와 문자의 매체 전환은 다시 아날로그와 디지털의 매체 변환으로 바뀌며 하이퍼미디어 시대를 도래했다. 인터넷이 조성한 디지털 중심 사회로 진화가 거듭

되며 새로운 에크프라시스 현상이 나타났다.

전통 예술적 형상 서술 도구인 그림, 문자, 소리, 몸짓에 디지털 네트워크가 창조한 '데이터'가 더해져 디지털 에크프라시스(Digital Ekphrasis)를 창조했다. 디지털 에크프라시스에서 데이터는 문서, 책, 이미지, 사운드, 숫자, 소프트웨어, 장소 등 수많은 정보를 말하며 각 데이터는 태그(Tag)라는 일종의 메타 데이터(Meta data)이자 디지털 꼬리표를 가진다. 디지털 세상은 끝을 알 수 없기에 태그는 수많은 정보를 분류하고 정확한 장소에 쓰이도록 설계된다. 따라서 사물과 현상의 정확한 묘사를 위해서는 태그가 많을수록 유리하다. 우리가 SNS 세상에서 태그를 많이 할수록 정보 유통에 유리한 것처럼 말이다. 결국 태그가 많다는 것은 호메로스가 아킬레스의 방패를 묘사하기 위해 수많은 시 구절을 할애한 것처럼 디지털 에크프라시스에서 정확한 묘사를 위해 무엇보다 데이터가 중요하다는 뜻이다.

에크프라시스 관점에서 영화미술 프로세스를 살펴보면, 시나리오라는 텍스트 분석으로 디자인 유니버스를 창조해 내며 형상 서술로서 에크프라시스를 생성한다. 텍스트에 숨겨진 이미지를 현실 속에 존재 가능한 시각 이미지로 치환하는 에크프라시스를 위해 디자이너는 시나리오가 밝히는 시각 정보들이 비주얼 스토리를 위한 태그 역할을 하도록 작업을 구체화한다. 그의 작업은 도서관의 책들과 구글의 온라인 자료들을 이용해 점점 스케치라는 행위로 이어지며 시각적 윤곽이 잡힌다.

바야흐로 생성형 AI 모델이 등장하면서 디자이너의 글과 스케치는 프롬프트 디자인(Prompt Design)이라는 디지털 에크프라시스로 진화한다. 생성형 AI의 프롬프트에 디자이너가 원하는 이미지의 자세한 형용사 지시어들을 텍스트로 나열하는 과정이 마치 고대 그리스의 형상 서술인 에크프라시스와 닮았기 때문이다. 따라서 텍스트로 그래픽 이미지를 도출하는 생성형 AI의 프롬프트 디자인을 디지털 에크프라시스라고 부를 수 있다.

여기서 문제점이 하나 있다. AI는 결코 질문을 하지 않고 답변만 제공할 뿐이라는 것이다. 인간 예술가와 디자이너가 창의 작업을 진행할 때 그들은 작품과 대화한다. 예술가와 작품 사이의 대화가 깊을수록 작업의 예술성은 더욱 깊어 간다. 결국 우리 시대의 예술가와 디자이너는 AI와 대화하는 방법을 찾아야 한다. 그렇게 시도한 대화는 끊임없이 펼쳐지는 상상력의 바다에서 길을 잃지 않게 도와주는 등대가 될 것이다.

참고문헌

심형근(2021). 『영화미술, 움직이는 회화』. 커뮤니케이션북스.

Arizton(2024.6). Global Generative AI Market – Outlook & Forecast 2024–2029. *Arizton Advisory & Intelligence.*: https://www.arizton.com/market-reports/generative-ai-market

Danto, A. C.(1997), *After the End of Art: Contemporary Art and the Pale of History*. Princeton University Press.

Miller, A. I.(2019). *THE ARTIST IN THE MACHINE: The World of AI-Powered Creativity*. MIT Press.

01
AI가 현장에 불어넣는 창의적 활력

영화미술은 스토리텔링의 시대와 공간, 역사적 사실 등에 대한 방대한 양의 리서치가 필요하다. 생성형 AI는 엄청난 양의 데이터를 학습하고 적정한 이미지를 서비스하며 디자이너의 리서치와 디자인 콘셉트를 위한 물리적 시간을 획기적으로 단축해 준다. 결국 이 강력한 콘셉트 빌딩 도구의 등장으로 디자이너는 더 많은 창의적 시간과 활력을 갖게 된다.

AI와 1인 창업?

패러다임의 대전환, AI와의 공동창작

마치 실재하는 사람을 마주하듯이 거울처럼 그려낸 18세기의 초상화는 예술가들이 자신의 천재적 능력을 증명하는 기술이었다. 하지만 19세기 중반에 등장한 사진 기술로 한순간에 그 지위를 박탈당했다. 오랜 경험과 부단한 노력으로 쌓아 올린 특별한 기술은 검은 상자가 찰칵하며 만들어 내는 복제 현실로 한순간에 물거품이 되었다.

당시 초상화는 신교와 구교의 갈등으로 종교 회화가 쇠퇴하자 예술가들이 선택한 탈출구였지만 사진의 출현은 이 탈출구마저 위협했다. 예술가들은 자신의 역할이 다했으며 예술은 세상의 끝에 당도했다고 여겼다. 어떤 면에서는 그들의 낙담이 타당했지만 결과적으로 사진 기술은 예술에 새로운 문을 열어 주고 세상을 보는 관점의 변화를 촉진했다. 인간이 그려내는 이미지가 세상에 존재하는 그 무엇을 닮아야 한다는 기존 체계를 허물고 예술가의 마음속에 떠오르는 역동적 시각 언어가 그 자리를 대체하게 되었다. 이제 이미지는 재현하려는 실제 대상이 중요한 것이 아니라 이미지 자체가 생산하는 텍스트가 주요 예술 언어로 자리 잡게 된다. 사진으로 시작한 새로운 관점의 변화는 패러다임의 대전환을 부르며 역사상 가장 다양하고 획기적인 예술 작품의 탄생 배경이 되었다.

AI의 등장도 19세기 사진이 조성한 패러다임의 변화와 같은 대전환의 시대를 보는 것 같다. 사진의 발명이 '기계의 눈'으로 세상을 보게 했다면, AI는 '기계의 생각'으로 세상을 판단하게 한다는 점에서 차이가 있다. 우리 시대의 AI는 인간의 창의성에 도전하며 인간과 AI가 공존하는 새로운 시대로 진입을 시도하고 있다.

예일대학교(Yale University)의 조라나 이브세비치(Zorana Ivcevic)와 하버드대학교(Harvard University)의 마이크 그란디네티(Mike Grandinetti)는 "창의성을 위한 도구로서의 인공지능(Artificial intelligence as a tool for creativity)"(2024)에서 새로운 패러다임이 가져온 인간의 창의성에 협력하는 AI를 이렇게 말한다. "ChatGPT의 출시는 AI의 맥락에서 창의성에 대한 상당한 관심을 불러일으켰다. 이론화 및 실증적 연구는 창의성－인간 독자적이거나 AI의 협력으로 생성된 것 모두의 본질과 인간이 생산한 작업의 가치 평가에 질문을 던졌다." 즉 패러다임의 대전환을 위한 새로운 관점으로서 창의성 문제를 연구해야 한다는 것이다. 그런 측면에서 그들은 창의성 연구 커뮤니티에서 확인된 특정 시나리오 중 하나인 '공동 창작', 즉 인간의 창의성을 강화할 수 있는 방편으로서 AI와의 협력을 주장했다.

창의성을 강화하기 위한 새로운 관점의 등장은 디자이너에게 지금껏 보지 못했던 끝없는 창의성의 신세계를 제공한다. 또한 AI는 디자이너에게 이전에는 상상하지 못했던 것을 만들 수 있는 마법 상자를 선물한다. 마법과 같은 생성형 AI 플랫폼은 디자이너의 그 어떤 도구보다 더 빠르고 똑똑하며 심지어 쉽다. 머신 러닝을 이용한 창의적 디자인 프로세스는 반복적이고 수동적인 작업을 최소화하고 디자이너의 창의적 사고 폭을 넓혀 그만의 개성을 찾는 시간을 확보해 준다.

영화미술의 새로운 도구 상자, 생성형 AI

디자이너의 도구 상자는 참으로 방대하고 재미있다. 전통적 미술용품인 연필과 붓 그리고 물감 같은 하드웨어에서 시나 소설 그리고 가장 많이 참고하는 온라인 검색 이미지 같은 소프트웨어까지 다양하다. 그뿐 아니라 디자이너가 영감을 얻는 기억, 생각, 신념처럼 계량화할 수 없는 모든 것도 도구에 포함할 수 있다. 번뜩이는 영감을 시각적 결과물로 이끌어 내는 모든 과정에 이 같은 '도구'들이 활용된다.

도구를 많이 가진 디자이너의 창의적 프로세스는 수준 높은 결과를 얻기에 유리하다. 따라서 부지런한 디자이너는 항상 우리 주변에 일어나는 일들에 촉각을 세우고 관찰하고 탐색하기에 여념이 없다. 세계는 끊임없이 변화하고 도구의 영역 또한 넓어지고 기술적으로 진화한다. 변화를 알아차리는 세심한 관심이 더욱 능숙하게 도구를 발견하게 지원한다.

디자이너에게 생성형 AI는 새롭게 발견된 훌륭한 도구로 인식될 수 있으며, 미드저니(Midjourney)와 달리(DALL-E) 2와 같은 생성형 AI 모델로 디자이너의 상상력은 더욱 확장된다. AI 기반 프롬프트는 우리 사회가 생산한 디지털 감정을 모조리 검색하고 학습한다. 이 감정들은 텍스트와 이미지 속에 숨겨져 있으며, 알고리즘은 그것을 찾아내 키워드가 지시한 방향의 고품질 결과물을 뱉어 낸다. 그리고 이 과정은 몇 초밖에 걸리지 않는다.

사실 AI가 일하는 방법을 살펴보면 바닷가 백사장의 모래에서 사용자가 원하는 특정한 색의 모래알을 찾는 것과 같다. 실제로 그는 모래알 하나하나를 프롬프트에서 밝힌 모래알 색과 하나하나 비교해 가면서 찾아낸다. 아주 단순하고 어마어마한 노동 강도라고 할 수 있지만 그는 다만 몇 초의 시간만 필요할 뿐이다.

디자이너는 생성형 AI의 엄청난 효율성을 활용해 머릿속의 아이디어를 시각화하고, 작업의 다양한 가능성을 찾아볼 수 있다. 특히 데이터로 이해한 대중의 감정을 기반으로 이미지를 생성할 수 있다는 점이 특별하다. 그럼에도 AI가 가져온 가장 특별한 순간은 효율성보다는 예상치 못했던 결과를 받아 든 디자이너의 각성일지 모른다. 디자이너는 일을 할 때 최종 결과의 어렴풋한 인상을 가지고 작업을 시작한다. 그가 가진 오랜 시간의 경험에서 나온 편집 능력 때문이다. 하지만 방대한 데이터를 검색하는 AI는 인간의 어렴풋한 인상, 즉 고정관념을 과감히 지워 버린다. AI가 생성한 이미지가 꽤 신선하고 흥미로울 때가 있으며, 이는 백사장의 모래알을 하나하나 뒤집는 AI의 무모함이 가져온 선물이다.

인간의 감각은 AI가 생성한 결과물이 가져올 예술적 파장을 예민하게 인지할 수 있다. 결국 AI가 모든 것을 해결해 줄 수는 없다는 말이다. 디자이너는 AI의 장점과 한계를 명확히 인지하고, '새로운 관점을 불러일으키는' 진정한 동반자로서 AI와 함께해야 한다.

AI와 창의적 대화를 하기 위한 조언

AI와 창의적 대화를 나누는 프롬프트는 디자이너의 비전을 현실화하는 매우 중요한 프로세스다. 기존의 대화 방식은 컴퓨터가 읽고 쓰는 0과 1로만 이루어진 기계어(machine code)였다면, AI와의 대화는 인간의 언어인 자연어(natural language)를 기반으로 이루어진다. 우리에게 친숙한 대화 방식인 자연어 프롬프트는 결과물을 위한 디자인의 비전 제시에 탁월한 성능을 보인다. 예술과 디자인의 특수한 상황을 기계에게 이해시키고, 새로운 창의성을 발휘하도록 자연어 프롬프트를 지원한다.

이와 동시에 생성형 AI는 디자이너에게 새로운 역할과 책임을 기대하게 한다. AI 시대의 디자이너는 더 많은 창의성을 요구받을 것이며, 업계는 더 높은 품질과 생산성을 기대할 것이다. 따라서 AI를 자신의 팀원으로 받아들인 디자이너는 자신의 업무 프로세스를 재정립할 필요가 있다. 그리고 그와 어떻게 공존할 것이며 어떻게 새로운 창작 방식을 구현할지 고민해야 한다.

그렇다면 형상서술로서 자연어 프롬프트를 효과적으로 작성하는 방법은 무엇일까? 첨단 AI 시대임에도 우선 고전적 접근 방식이 필요하다. 인간의 말하기는 그가 가진 지식과 주변 공감 능력과 관계가 있다. 따라서 추구하는 이미지의 형상 서술을 위해서는 디자이너의 인문학적 시선이 깊고 다양해야 한다. 디자이너가 작성하는 프롬프트는 마치 찾아올 미래를 예견하는 디테일한 에크프라시스여야 하기 때문이다.

다음으로, 창의적 대화를 위해서는 구체적으로 말해야 한다. 프롬프트에 'Human'이라는 단어를 입력하면 무수히 많은 형태의 인간 모습이 나타난다. 원하는 답을 얻기에는 정보가 너무 단순하다. 그래서 설명을 위한 단어 나열이 필요하며 구체적이고 세부적인 정보가 포함되어야 한다. 특히 "장난스러운", "포근한", "활기찬" 등의 형용사를 사용해야 결과물이 추구하는 감정적 반응을 구할 수 있다. 또한 결과물의 스타일도 지정하는 것이 좋다. "19세기 네오고딕 건축 스타일" 혹은 "김홍도 초기 풍속화"처럼 말이다.

우리가 타고 있는 AI 열차는 빠르게 앞으로 나아가고 있으며 미래의 속도는 절대 늦춰지지 않고 점점 빨라질 것이다. AI는 인간이 생각하고, 소통하고, 일하는 방식을 변화시키고, 이 변화는 진화로 거듭된다. 실로 무서운 신세계다. 그럼에도 예술과 디자인의 미래는 AI를 통한 기술적 성취나 최종 결과보다 새롭고 혁신적인 아이디어의 생성과 그것을 탐구하는 과정에 더 많이 달려 있다. 신세계에 당도한 우리는 생경한 풍경에 긴장되고 놀랍지만 아직 아무것도 그려지지 않은 새하얀 캔버스를 마주한 것처럼 새로운 지평이 펼쳐지리라는 기대를 한다면 우리의 창의적 대화는 다분히 성공적일 것이다.

참고문헌

Ivcevic, Z. & Grandinetti, M.(2024) Artificial intelligence as a tool for creativity. *Journal of Creativity*, Volume 34, Issue 2.

02
AI와 프로덕션 디자인

프로덕션 디자인은 영화미술 전반을 책임진다. 각 영화미술 분야는 프로덕션 디자이너의 디자인 콘셉트를 통해 동일한 맥락의 이미지로 표현된다. AI의 역할은 디자인 콘셉트를 위해 창의적 생각을 생성하는 것이 아니다. 오히려 콘셉트 생성 프로세스를 효율적으로 조력하는 방대한 양의 데이터 편집자다.

AI와 MBTI?

프로덕션 디자인의 상상력

영화미술의 예술적 동의어로서 프로덕션 디자인은 '주제를 영화 전반에 시각적으로 표현하는 모든 공간과 사물의 스타일과 룩을 색상 · 형태 · 질감 등으로 통제 · 조절하고, 카메라와 조명 그리고 특수효과 등의 적절한 협업으로 전개되게 계획한다. 동시에 영화 제작 전반에서주제 표현이 시각적으로 명확하고 일관되게 하는 커뮤니케이션 미술'이라고 정의할 수 있다. 내러티브 디자인(narrative design)이자 비주얼 스토리텔링(visual storytelling)으로서 프로덕션 디자인은 이미지로 '말하는' 예술적 창조이며, 이야기가 내포한 주제를 '감정적'으로 말하려는 태도라고 할 수 있다. 또한 이 '말하기'는 관객에게 영화가 이야기하려는 주제를 이해시키기 위한 설득의 작업이다.

이런 영화미술의 특성을 시인 루이 아라공(Louis Aragon)은 "시적 가치를 아직 가지고 있지 못하던 사물에 시적인 가치를 부여하는 작업, 그리고 강렬한 이미지 표현을 위해 사물을 보는 시야를 집중적으로 좁히는 작업"이라고 말했다. 결국 영화미술은 시적 가치를 찾아가는 시인의 프로세스를 가지며, 상상력을 기반으로 자신의 관점으로 해석하는 내러티브 디자인이다.

프로덕션 디자이너는 공감으로 드러난 영화의 정서와 분위기를 감성 언어인 시각적 형용사로 정의(define)하고, 이 언어들을 기반으로 시각 이미지의 영감(inspire)을 떠올리며 전체 영상 이미지에서 보여질 '디자인 세계'를 상상한다. 이렇게 구체화한 프로덕션 디자이너의 세계관은 단순히 영상 정보의 기계적, 재현적 전달에 그치지 않는다. 관객이 '디자인 유니버스(design universe)'를 시각적으로 체험하게 하고, 스토리텔링의 상징과 기호적 관계를 인지시키며 이야기의 흐름을 감성적으로 이해시키는 역할을 한다. 결과적으로 이 과정에서 디자이너는 관객에게 시각적 스펙터클을 선사하고 다양한 감성적 판단으로 영화의 주제에 몰입하게 한다.

AI는 프로덕션 디자인에서 새로운 상상력의 시대를 열었다. 이 새로운 활력으로 가득한 혁신과 변혁의 시대에 상상력의 지평을 무한대로 넓히고 있다. 디자인 세계에 등장한 AI 기술은 디자이너들이 역사적으로 집중했던 전통적 매체와 프로세스를 바꾸고 있다. AI는 이 세계의 사고와 소통 방식의 변화를 요구했다. 방식의 변화는 프로덕션 디자인 프로세스의 진화를 이끌어 낸다. 프로세스의 진화는 프로덕션 디자이너들에게 새로운 영역으로 향하는 문을 열어 줄 것이다. 예술과 디자인의 미래는 작품이나 기술적 평가보다 미지의 세계를 탐험하는 과정에서 보여 주는 새롭고 혁신적인 아이디어가 더 생명력을 가질지 모른다. 그 생명력이야말로 AI가 따라올 수 없는 인간의 창의성이다.

프로덕션 디자이너가 AI 시대를 대처하는 방법

영화 산업에 생성형 AI의 영향력이 나날이 증대되고 있다. 생성형 AI가 창조해 내는 이미지는 무수히 많은 대중의 데이터를 기반으로 한다. 이 데이터는 웹에서 출발하고 대중의 기호가 녹아 있다. AI가 데이터를 분석하며 머신 러닝을 한다는 것은 대중의 기호를 읽는다는 뜻이다. 따라서 AI의 생성물은 대중의 기호에 적합한 이미지일 가능성이 높고, 이렇게 생성된 이미지가 더 다양한 청중에게 공감을 불러일으키는 고품질 콘텐츠로 연결될 수 있다.

생성형 AI는 엄청난 양의 데이터를 학습해 이미지를 서비스한다. 프로덕션 디자이너는 고뇌의 결과를 무드보드(Mood board)와 피치 덱(Pitch deck)으로 만들며, 생성형 AI는 리서치와 디자인 콘셉트를 위한 물리적 시간을 획기적으로 단축해 준다. 결국 이 강력한 콘셉트 빌딩 도구의 등장으로 디자이너는 더 많은 창의적 시간과 활력을 가질 수 있다.

미국의 아트디렉터길드(Art Directors Guild) 소속 프로덕션 디자이너이자 아트 디렉터인 알렉산더 휘텐버그(Alexander Whittenberg)는 ≪프로덕션 디자이너 콜렉티브(production designers collective)≫ 인터뷰에서 "나는 프로덕션 디자인 프로젝트의 연구나 개념 탐색의 초기 단계에 AI를 사용해 '비주얼 톤 시(visual tone poems)'라고 부르는 일련의 이미지를 만든다. 이러한 이미지 중 하나가 디자인의 다음 단계에 영감을 줄 모양과 색상으로 나타날 수 있다"며 자신의 프로덕션 디자인 프로세스에서 AI가 콘셉트 구축에 사용된다고 했다.

영화미술은 스토리텔링의 시대와 공간, 역사적 사실 등 방대한 양의 리서치가 필요하다. 디자이너는 시각적 신호에 반응해 영감을 디자인 콘셉트에 따라 분류하고 재편집하며 최종 작업을 수행한다. 따라서 프로덕션 디자이너는 훌륭한 데이터 편집 능력이 필요하다. 특별한 능력을 가진 편집 도구로서 AI는 영감을 찾아내고 데이터를 분류하며 이것을 편집해 최종 결과물로 탄생시킨다. 또한 AI는 디자이너가 생각하지 못했던 시각적 공백을 스스로 채우고 기대하지 않았던 예상외의 영감을 발현하기도 한다. 이것은 새로운 형태의 예술 프로세스이며 디자이너의 창의적 지평을 넓혀 주는 기회 요소다.

프로덕션 디자이너 사라 밀란(Sara Millań)은 "디자이너로서 미드저니와 달리(DALL-E) 2와 같은 생성형 AI 모델로 상상력이 어떻게 확장되었는지 보는 것은 흥미진진하다. 이제 우리는 몇 초 만에 아이디어를 시각화하고, 몇 분 만에 특정 주제에 대한 여러 가능성을 탐색하고, 더 빠르고 효율적으로 이미지를 생성할 수 있다. 나에게 가장 흥미로운 측면은 AI가 예상치 못한 결과를 생성할 때인데, 여기서 우리는 새로운 연결점들을 만들어 내고 틀에 얽매이지 않은 생각을 할 수도 있다"라며 AI 모델이 프로덕션 디자이너에게 강력한 예술 도구라고 강조했다. 심지어 "AI로 프로덕션 디자인 창작 과정이 프롬프트 생성과 작업 자동화로 축소되고 있다고 느낄 때도 있다"며 프로세스 단순화를 말하기도 했다.

AI 시대를 어떻게 슬기롭게 대처할 것인가 하는 문제는 프로덕션 디자이너들의 세계적 관심사다.

IATSE(The International Alliance of Theatrical Stage Employees)는 북미의 영화와 TV 제작, 연극, 엑스포를 포함한 엔터테인먼트 산업에서 일하는 17만 명 이상의 디자이너와 엔지니어들을 대표하는 노동조합이다. 2023년 7월 5일 IATSE는 "인공지능 및 머신 러닝 응용 분야를 위한 핵심 원칙(Core Principles for Applications of Artificial Intelligence and Machine Learning)"을 발표하면서 AI와 머신 러닝이 잠식해 오는 예술과 엔터테인먼트 산업의 문제를 공유하고 대책을 강구하고 있다. 공동체의 요구는 간단하다. 예술, 엔터테인먼트, 미디어 산업에서 AI가 가져오는 생태계 파괴 위험의 대안을 마련해야 하며, 이 대안은 연구 · 협업 · 교육 · 정치 · 입법 · 조직화 · 단체 협상에 초점을 두고 종합적으로 이루어져야 한다는 것이다. 따라서 IATSE는 인간 디자이너의 피해를 최소화하기 위한 정치적, 입법적 노력과 함께 디자이너를 위한 AI 교육을 서두르고 있다.

산업 전반에 AI 대책이 필요하지만 디자이너 개인의 변화도 무척 중요하다. 새로운 변혁의 시대에 프로덕션 디자이너는 새로운 역량을 길러야 한다. 기본적으로 AI를 이해하고 도구로서 AI를 효율적으로 사용할 수 있는 실무 능력을 갖추어야 한다. 또한 진화된 AI 도구 사용은 데이터의 분석에 있으므로 다양한 데이터를 내어주는 AI 생성물을 정확하게 판단하는 디자이너의 윤리적, 미학적 판단 기준이 필요하다. 그리고 전체 프로세스를 맥락으로 이해하고 그것을 전략적으로 펼칠 수 있는 메타 디자인 능력도 중요하다.

알렉산더 휘텐버그는 'AI가 프로덕션 디자이너의 역할에 어떤 영향을 미칠까?'라는 질문을 직접 ChatGPT에게 하고 다음과 같은 답변을 얻었다. "전반적으로 AI는 디자인 프로세스를 지원할 수 있는 새로운 도구와 기술을 제공해 영화에서 프로덕션 디자이너의 역할을 더욱 효율적이고 효과적으로 만들 수 있는 잠재력을 가지고 있다. 그러나 AI는 인간의 창의성과 전문성을 대체할 수 없으며, 이러한 새로운 기술을 작업에 가장 잘 통합하는 방법을 결정하는 것은 프로덕션 디자이너의 몫이라는 점을 기억하는 것이 중요하다." AI는 결코 인간의 창의성, 전문성, 그리고 인간으로서의 능력을 대체하지 못할 것이며, AI 스스로도 이 점을 명확히 하고 있다. 결국 AI가 영화미술에 어떤 영향을 줄지는 프로덕션 디자이너의 몫으로 남는다.

참고문헌

심형근(2021). 『영화미술, 움직이는 회화』. 커뮤니케이션북스.

IATSE(2023.6.5). IATSE Releases Core Principles for Applications of Artificial Intelligence and Machine Learning Technology. The International Alliance of Theatrical Stage Employees.: https://iatse.net/iatse-releases-core-principles-for-applications-of-artificial-intelligence-and-machine-learning-te

chnology
The PDC(2023.4.1). Should we use artificial intelligence inproduction design?. production designers collective.: https://www.productiondesignerscollective.org/pdcforum/should-we-use-artificial-intelligence-in-production-design%3F

03
AI와 콘셉트 아트

영화의 비주얼 스토리텔링에서 디자인 콘셉트와 부합하는 다양한 장면 이미지들이 그려지는데 이를 콘셉트 아트라고 한다. 영화의 이미지를 상상하고 구체화해 나가는 과정으로서 콘셉트 아트는 비슷한 맥락의 다양한 변주가 필요하다. 생성형 AI의 강력한 데이터 편집은 '다양한' 변형을 위한 콘셉트 아트의 무궁무진한 레퍼런스 갤러리다.

AI와 난임 극복?

콘셉트 아트의 창의성

현실을 똑같이 재현하는 미메시스(mimesis)의 전통은 대중의 미의식에 상당한 영향을 끼쳤다. 포스트모더니즘 이후 예술의 다양성과 다변화가 주류 예술의 움직임이지만 여전히 사진처럼 똑같이 그려 내는 기술을 볼 때면 대중은 감탄사를 연발한다. 완벽하게 사실처럼 현실을 복사하는 극사실주의는 미술사에 위치한 역사적 중요성과 함께 작가의 예술적 신념을 기반으로 제작된 작품으로서 충분히 존중받을 만하다. 하지만 단순한 기술로서 포토리얼리즘 기법의 창의성을 논한다면 약간 다른 관점이 제기될 수 있다. 기술로서 극사실주의 기법은 오랜 시간 훈련을 한다면 누구라도 일정 부분 가능한 표현 기법이다. 하지만 그림의 내용과 의미로 살펴본다면 창의적 요소를 발견하기 어려울 때가 있다.

콘셉트 아트는 어떠한가? 어떻게 보면 극사실주의 기법의 반대편에 콘셉트 아트가 존재한다. 콘셉트 아트는 영화, 애니메이션, 게임과 같은 스토리텔링 기반 영상 미디어에서 사용할 캐릭터, 배경, 아이템 등의 시각적 디자인을 개발한다. 콘셉트 디자이너는 현실을 똑같이 모사하는 것이 아니라 지금까지 존재하지 않던 새로운 세상의 이야기를 만드는 사람이다. 그의 이야기는 인물이나 환경에서 영화 화면으로 드러나는 모든 시각 요소의 맥락을 구성하는 시초가 된다. 이렇게 생성된 이야기는 사물에 새로운 개념을 생성하며 개성적 이미지로 드러난다. 그 무엇도 닮지 않은 세계의 창조는 콘셉트 아트의 창의성을 보여 주는 징표다.

콘셉트 아트는 영화미술 프로세스에서 중요한 시작점 역할을 한다. 디자이너의 머릿속에는 무수히 많은 시각적 모티프와 영감을 주는 이미지가 떠오르며 서서히 디자인 콘셉트가 구체적으로 변모한다. 콘셉트 아트로 설정된 콘셉트 이미지들은 영화감독과 프로덕션 디자이너를 비롯한 영화미술 전문가들의 비주얼스토리텔링을 위한 지침서가 된다. 영화감독은 콘셉트 아트에서 발현하는 이미지를 영화 화면에 구현하기 위한 연출 구상을 시작하고, 영화미술 전문가들은 각 작업에서 일관성 있는 디자인을 위해 콘텍스트를 점검할 기준으로 사용한다. 프로덕션 디자이너는 콘셉트 이미지가 영화 전체에 정확히 전달되도록 충분한 커뮤니케이션 과정을 수행하며 비주얼 스토리텔링 전반을 책임진다. 이렇게 만들어진 영화 화면은 시나리오가 추구하는 시각적 정체성을 구현하며 통합된 정서의 흐름을 만들어 낸다.

영화의 구체적 장면을 위한 공간과 인물의 콘셉트 아트

를 구상할 때 디자이너는 종종 시각적 참조(references)를 활용한다. 그동안의 디자인 경험과 일상의 찰나에서 만나게 되는 기억 속 이미지가 특정한 영감이나 모티프를 제공한다. 영감과 모티프는 디자이너의 시각적 이야기의 출발점이 되고 마치 연관 검색어처럼 유사한 이미지들이 쏟아져 나온다. 생성형 AI가 도입되면서 강력한 데이터 편집의 도움을 받게 된 콘셉트 아트는 다양한 변형을 위한 무궁무진한 레퍼런스 갤러리를 갖게 되었다. 이제 콘셉트 아트는 창의성에 새로운 날개가 돋아나고 있다.

AI의 인간 모방

2023년 5월 영국의 ≪이코노미스트(The Economist)≫는 "AI가 만든 예술은 자신만의 스타일을 발전시키고 있다(Art made by artificial intelligence is developing a style of its own)"라는 기사에서 "AI 모델은 기계 학습에 제공된 이미지 데이터에서 보이는 내용을 반영하는 것에 그치지 않고 한발 더 나아가 데이터의 범위를 확장하려 한다"며 AI 스스로 자신의 창의성을 개발해 나가는 미래를 예견했다. AI에게 인간의 창의성은 도전의 대상이다. 그 도전은 인간의 모방에서 시작한다.

연출가나 프로덕션 디자이너의 요구로 비주얼 스토리텔링의 시작점을 잡으려는 콘셉트 아티스트가 자신의 창의력을 업무에 대입할 때 그는 다양한 창조적 방법을 시도한다. 대상을 관찰, 분석하고 학습하거나 연필로 자신의 경험을 토대로 한 스케치를 하면서 새로운 개념을 위한 정보들을 분류하고 쌓아 나간다. 이 정보들은 도서관이나 온라인 이미지 검색 혹은 본인이 가진 경험이 만들어 낸 이미지들로 채워진 시각적 라이브러리를 구성한다. 프로덕션 디자이너와의 피드백으로 콘셉트 아티스트는 이 라이브러리에서 독창적이고 새로운 이야기를 창조해 낸다.

이러한 디자인 프로세스를 살펴보면 AI는 콘셉트 디자이너에게 유용한 도구가 될 수 있다. 새로운 아이디어를 위한 레퍼런스 갤러리이며, 새로운 시각적 스토리텔링을 위한 라이브러리의 역할을 AI는 충분히 할 수 있다. 이것은 AI가 추구하는 인간의 창의성 모방으로 말미암아 가능해졌다. 데이터를 모아 두는 것에 그치지 않고 탐색하는 기준이 AI에게 있다는 뜻이다. AI는 색상이나 형태, 특히 어떤 패턴과 같은 특정한 기준으로 데이터를 탐색하기 때문에 디자이너가 최종 이미지나 디자인을 생성하는 데 도움을 준다. 인간 대신 AI가 기준을 가지고 탐색하면서 그만큼 디자이너의 작업은 빨라질 수밖에 없다. 여기서 패턴 인식과 같은 탐색의 기준이 기계의 창의성 모방 가능성을 열어 준다.

콘셉트 아트와 생성형 AI 프로세스

2024년 5월 미국 ≪버라이어티(Variety)≫의 미디어 분석가이자 연구 편집자인 오드리 쇼머(Audrey Schomer)는 "생성형 AI가 콘셉트 아트 창작에 어떻게 진입했는지 ―그리고 그것이 미끄러운 이유(How Generative AI has entered Concept Art Creation―and Why it's a Slippery Slope)"라는 기사에서 "생성형 AI가 콘셉트 아트 개발 프로세스에 전술적으로 진입하기 시작했다"라며 콘셉트 아트에서 생성형 AI의 영향력을 높게 평가했다. 생성형 AI는 영화와 애니메이션 등에서 필요로 한 콘셉트 아트, 특히 판타지와 SF 영화의 캐릭터, 세트, 건축, 차량, 의상, 소품 등을 위한 디자인 제작에 더없이 중요한 역할을 한다.

생성형 AI는 콘셉트 아트의 디자인 프로세스에 많은 변화를 가져왔다. 온라인 스톡 이미지(stock image) 서비스에 의존하거나 이전 영화나 애니메이션의 콘셉트 아트를 검색하는 대신 생성형 AI가 그려 주는 독특한 이미지가 디자이너의 창의적 출발점이 되고 있다. 또한 AI 이미지를 프로덕션 디자이너와 영화감독 등과의 의사소통에 사용한다. 디자이너가 최종 콘셉트 아트를 세부적으로 마무리하기 전에 디자인 콘셉트의 맥락과 비주얼 스토리텔링의 비전과 적합한지를 판단해 디자인 방향을 보다 빠르게 조정하기 위함이다. 이 과정에서 디자이너는 AI와 창의적 대화를 반복한다. 대화의 결과물과 본인의 스케치가 피드백 되면서 점점 최종적 결과로 다가간다. 생성형 AI 프로세스는 신속한 반복으로 작업을 며칠에서 몇 주가 아닌 하루로 단축할 수 있다.

그러나 모든 실제 현장에서 AI를 환영하는 것은 아니다. 생성형 AI를 사용하는 디자이너는 그 환상적 능력에도 이 새로운 도구가 가져오는 위험을 경계하는 것 또한 사실이다. 따라서 콘셉트 아트에 AI가 활발히 사용되고 있다고 볼 수는 없으며, 구체적으로는 그들이 의식적으로 제한하고 있다는 표현이 맞다. 의식적으로 제한한다는 것은 기존의 콘셉트 아트 디자인에 사용되는 디지털 페인팅 기술로 AI를 도구화하는 데 더없이 쉬운 구조를 가졌기 때문이다. 이미 많은 관련 디자이너들은 컴퓨터 드로잉을 친숙하게 생각하고 있으며 그들 스스로가 3D 모델링 전문가이기도 하다. 따라서 컴퓨터 환경의 이해도가 높아 영향을 너무도 잘 파악하고 있다.

많은 문제점도 그들이 주저하는 요인이다. 아직 저작권도 명확하지 않다. AI 이미지 저작권은 인간 디자이너에게 전체가 부여되지 않고, 그가 수행한 특정 디지털 브러시스트로크(brushstroke)와 같은 세부 편집에만 제한적으로 적용된다. 또한 AI가 출력한 이미지 품질도 여전히 문제다. 아직 해부학 구조의 실수가 존재하며, 비슷한 느낌의 이미지들이 너무 많이 양산되는 문제도 있다. 결정적으로 미래에는 콘셉트 아티스트라는 인간의 직업이 사라질지 모른다는 불안감도 크게 자리한다.

참고문헌

Schomer, A.(2024.5.15). How Generative AI has entered Concept Art Creation – and Why it's a Slippery Slope. *Variety.*: https://variety.com/vip/how-gen-ai-is-entering-concept-art-creation-and-why-a-slippery-slope

The Economist(2023.5.24). Art made by artificial intelligence is developing a style of its own. Economist Intelligence Unit N.A.: https://www.economist.com/culture/2023/05/24/art-made-by-artificial-intelligence-is-developing-a-style-of-its-own?

04
AI와 세트 건축

영화 속 세트 건축은 시대적 스타일과 장식 그리고 영화 스토리를 위한 특정 무드가 필요하다. AI는 짧은 시간에 과거와 미래의 다양한 건축 스타일과 대중의 정서적 반응을 계산한 장식 스타일을 기계 학습하고 비주얼 스토리텔링을 위한 새로운 건축 공간 이미지를 편집, 제안해 세트 디자이너의 창의적 업무 효율을 높인다.

AI와 사주?

세트 디자인과 AI

영화는 몽타주로 분절된 쇼트의 연속으로 이루어진 내러티브(narrative)에서 관객이 길을 잃지 않게 그들의 시선을 화면 속에 잡아 두어야 한다. 그래서 관객이 몰입할 수 있는 시각 장치들이 필요하며, 시각적 인지를 위해 형상화된 객체로서 시간과 공간이 장치로 존재한다. 그리고 이 장치들은 '세트' 혹은 '세트 건축'이라 불리며, 내러티브에 필요한 기호적 표현으로 구성된 조형이다. 세트 건축은 구체적 공간과 시간의 내러티브로 형상화하고, 관객에게 화면 깊이 숨겨진 다양한 코드를 읽어 낼 탐험의 기회를 준다.

세트 건축이 건축 작업과 유사한 부분은 공간을 구축한다는 면이지만 스토리텔링을 위한 공간이라는 점에서 세트 건축의 특별함을 알 수 있다. 시나리오에는 이야기를 위한 공간의 구조와 생김새 그리고 정서적 분위기가 존재한다. 이 정서적 분위기를 영화미술에서 '룩(Look)'이라고 한다. 세트 디자이너가 시각화하려는 요체이기도 하다. 영화적 공간으로서 세트 건축은 시나리오에 정해져 있는 공간적 요소 이외에 디자이너가 대본을 분석하고 자신만의 조형적 언어로 해석한 디자인 콘셉트가 말하는 방향으로 전체 공간 이미지를 창조해 낸다. 이 공간은 특정한 건축과 장식 스타일을 위해 세밀하게 꾸며진다.

영화가 탄생한 이래 영화 제작 분야는 거의 모든 측면에서 큰 변화를 겪었으며 발전해 왔다. 영화 산업의 발전은 기술 발전과 깊이 연관되어 있으며, 첨단 기술이 영화 제작 과정에 어떻게 적용될 수 있는지는 산업 전반의 주요 관심사였다. 세트 디자인도 기술 발전의 한가운데에 있다. 생성형 AI가 가져온 변화는 최근에 벌어진 '사건'과 같다.

디자인 프로세스를 따라가다 보면 세트 디자인은 데이터 편집이 중요한 과정으로 여겨진다. 역사 드라마의 디테일한 고증부터 새로운 관점을 제시하는 SF 영화의 미래 건축 스타일 제안 등은 모두 다양한 건축과 장식 스타일을 분류하고 일정한 방향성의 패턴을 만들어 가는 세트 디자인 프로세스다. 패턴을 분석하고 새로운 이미지를 생성하는 작업은 AI가 가장 잘하는 업무다. 세트 디자인의 프로세스에 생성형 AI의 역할이 큰 이유다.

이미지 생성, 기본 설계, 인테리어 레이아웃 등의 자동화 도구로 AI는 세트 디자인의 프로세스에서 주목받는다. 세트 디자인에서 AI의 기능은 점점 더 정교해질 것이다. 그 결과 수많은 데이터를 편집하는 AI의 결과물을 판별하고 대안을 제시하는 역할이 세트 디자인 작업의 큰 부분이 될 수 있다. 따라서 디자인 작업의 생산성이 높아질수록 세트 디자이너는 마치 예술가의 작업을 판별하고 전시하는 큐레이터와 같아질 수도 있다. 하지만 현재의 AI는 실제 시나리오를 읽고 자신의 예술적 깊이가 담긴 도면을 설계해 내진 못한다. 강력한 도구인 건 맞지만 아직 영리하고 부지런한 조수에 불과하다. 종종 놀라운 아이디어를 AI가 제공하나 AI의 도움만이 창의적 설계를 가능하게 하는 것은 아니다.

생성형 AI가 가진 강력한 능력은 초기 디자인에 유용하다. 시나리오에 등장하는 공간의 룩을 위해 디자이너는 브레인스토밍(brainstorming)과 무드보드(moodboard)에 AI 이미지를 활용한다. 디자이너는 시나리오를 읽으면서 시나리오의 여백에 자신의 머리를 스치고 지나가는 이미지를 잡아 두려고 빠른 스케치를 남긴다. 미드저니를 사용하는 디자이너라면 같은 상황에 연필을 잡는 것이 아닌 노트북의 키보드를 가까이 두려 할지 모른다. 그의 머릿속에 들어온 감성적 이미지를 짧은 텍스트로 프롬프트에 입력한다면 몇 초 이내에 AI는 풍부하고 상세하며 사진과 같은 품질의 이미지를 제공한다. AI 이미지는 시나리오의 여백에 그려진 연필 스케치에 비해 완성도가 높을 수밖에 없으며, 강력한 도구로서 초기 콘셉트 브레인스토밍을 이끌 수 있다. 또한 생성형 AI는 디자인 콘셉트의 일관적 방향성을 설명하는 무드보드를 위한 이미지 생성에 적합하다. 기존 온라인 스톡 이미지(stock image)가 표현하지 못하는 부분을 빠른 시간에 만들어 낼 수 있는 AI는 디자인 생산성 향상을 위한 필수 요소가 되어 간다.

생성형 AI가 세트 건축 디자인에 필요한 또 하나의 작업 분야는 최종 디자인을 위한 3D 렌더링(rendering)이다. 이미 건축 모델링 기반 엔스케이프(Enscape), 게임 모델링 기반 언리얼 엔진(Unreal Engine) 등 실시간 렌더링 프로그램이 등장하면서 어느 정도 손쉽게 3D 이미지 표현이 가능하다. 하지만 본격 고품질 렌더링 이미지를 얻기에 아직 많이 부족하다. 그렇지만 실시간 렌더링 프로그램에 AI가 더해져 렌더링 이미지가 업그레이드되면서 상당히 품질 좋은 이미지를 얻을 수 있게 되었다.

물리적 세트를 대신하는 AI 기반 버추얼 세트

세트 건축 분야에서 세트 디자인에서만 AI가 활용되는 것은 아니다. AI는 세트 건축이나 촬영 방식에도 큰 영향을 미친다. AI를 이용한 '버추얼 제작 LED 세트(Virtual Production LED Set)'가 바로 그것이다. 버추얼 프로덕션(virtual production)은 컴퓨터 그래픽으로 디지털 세트를 제작하고, 이를 대형 LED 스크린에 투사해 배우의 배경으로 사용하는 실사 촬영 방식이다. 따라서 이 방식을 가상 세계와 실제 세계를 결합해 만드는 통합 영화 제작 방법이라고 할 수 있다. 버추얼 세트로 영화 제작자는 기존의 물리적 세트와 장소를 가상의 세트와 장소로 대체할 수 있으며, 이는 훨씬 더 유연하고 비용에서도 효율적이다. 더군다나 이 첨단 기술은 기존 물리적 세트나 야외촬영 환경이 제공할 수 없는 매우 상세하고 사실적인 디지털 환경을 조성해 폭풍우 치는 남극이나 먼 우주의 행성 같은 초현실적 장면도 실내에서 연출할 수 있다.

최근 새로운 〈스타워즈〉 TV 시리즈로 많은 주목을 받은 SF 드라마 〈만달로리안(The Mandalorian)〉은 만달로리안 LED 월(Mandalorian LED Wall)이라고 불리는 버추얼 세트 기술을 본격적으로 사용하며 영화나 TV 산업을 버추얼 제작 LED 세트 작업 방식으로 안내했다. 세계적 시각 효과 회사 인더스트리얼라이트앤드매직(Industrial Light & Magic)에 따르면, 〈만달로리안〉의 두 번째 시즌부터 더욱 업그레이드된 버추얼 세트 시스템을 사용한다고 한다. 이 시스템은 새로운 VR 올인원 기술을 사용하며, 직경 23m의 면적을 커버하는 6m 높이의 총 1000개 고해상도 LED 디스플레이로 실시간 장면을 생성한다. 또한 업그레이드된 버추얼 세트는 실시간 게임 그래픽 기술 언리얼 엔진을 기반으로 개발된 실시간 가상 장면 시스템을 구현한다. 배우의 움직임과 디지털 세트 배경의 동적 이미지를, 카메라가 이동하면서도 자연스럽게 일치시키는 이 기술은 가상현실 장면의 고도화를 이끌고 있다.

디지털 세트 건축 기반 가상현실 촬영 방식의 고도화는 AI 덕분에 가능해졌다. 배우와 디지털 세트의 움직임을 일치시키는 기술은 AI가 머신 러닝으로 움직임을 분석하고 추적해 상호 연결시켜 자연스러운 동적 이미지를 생산한다. 또한 AI는 실시간 배우의 움직임을 캡처해 동작 데이터를 기록하고 이것으로 디지털 캐릭터에 보다 정확하게 애니메이션을 적용한다.

AI를 활용해 실시간으로 생성된 고품질 영상 이미지로 영화 제작자는 디지털 세트와 결합한 장면을 빠르고 쉽게 미리 확인하고 세부 조정한다. 심지어 머신 러닝 알고리즘을 사용해 관객의 선호도를 분석하고, 피드백을 수용해 버추얼 세트를 수정할 수도 있다. 영화 제작 전반에 AI는 기존 제작 환경에서는 불가능했던 일들을 모두 가능하게 만들고 있다. 관객의 몰입도를 증가시키는 스펙터클한 화면을 구사하면서도 비용을 효율화하는 일은 이제 너무 쉬운 일이 되어 버렸다. 영화에서 버추얼 세트를 이용한 제작 방식은 앞으로 더욱 보편화할 것이다. AI의 발전으로 디지털 세트 렌더링은 더욱 세밀해지고 VFX(Visual Effects)와 디지털 휴먼(digital human)과 같은 다른 첨단 기술들과 융합해 제작 방식은 더욱 정교해질 것이다. 또한 AI는 복잡한 과정과 도구들을 단순화하고 실시간 렌더링을 본격화해 영화 제작 기술의 발전을 가속화할 것이다.

이처럼 AI는 현실적이고 몰입적인 디지털 세트 건축을 지원해 버추얼 리얼리티 영화 제작에서 필수 역할을 하고 있다. AI는 건축은 물론 자연환경을 형성하는 모든 시각 요소를 생성하고 이를 고화질 미디어 형태로 가공하는 데 사용된다. 물론 이 과정은 아주 짧은 시간에 저렴하게 생성되며 이는 영화 제작자의 꿈같은 일이다. 결과적으로 버추얼 세트는 세트 디자이너가 더욱 혁신적이고 창의적 작업을 하게 유도하면서도 제작 과정에서 더 큰 유연성과 효율성을 제공하게 될 것이다.

참고문헌

심형근(2021). 『영화미술, 움직이는 회화』. 커뮤니케이션북스.

Russy, T. B.(2023.7.12). AI And Virtual Production: The Past Meets The Future. *Arts Management & Technology Laboratory*, Carnegie Mellon University.: https://amt-lab.org/blog/2023/7/ai-and-virtual-production-the-past-meets-the-future

05
AI와 캐릭터 디자인

영화는 공간과 함께 캐릭터가 반드시 필요하다. 영화 속 캐릭터의 시각 이미지는 그만의 개성과 이야기 속 역할을 표현한다. AI는 방대한 데이터를 학습하고 대중의 기호에 적합한 캐릭터 이미지를 합성한다. 디자이너의 노력을 대신하지만 과연 캐릭터로서 스스로의 생명력을 가져갈지는 여전히 문제로 남는다.

AI와 아이돌?

캐릭터 디자인

캐릭터 디자인은 마치 마법처럼 영화 속에 등장하는 인물이나 의인화한 동물 혹은 사물에 생명을 불어넣는다. 캐릭터는 영화에만 존재하는 것은 아니다. 애니메이션이나 게임 등 시각적 스토리텔링 기반 엔터테인먼트 매체에서 아주 중요한 요소다. 현대적 의미의 캐릭터는 디즈니 애니메이션에서 시작했다. 지금은 앞서 말한 장르 이외에도 디지털 세상에서 인간을 대신하는 디지털 휴먼(digital human)으로서 그 역할이 확대되고 있다. 더군다나 우리의 일상에서 캐릭터는 다양한 형태로 사용되며, 여기에 AI 기술이 더해지면서 인간 배우 대신 영화나 광고를 찍는 것은 물론이고, 소셜 네트워크나 메타버스에서 사용자의 정체성을 대신하는 우상 역할까지 하고 있다.

캐릭터가 스토리텔링에서 중추 역할을 하므로 관객의 집중을 이끌어 내고 그의 이야기에 귀를 기울이게 하려면 캐릭터의 매력적 개성은 필수다. 흥미로운 캐릭터 디자인은 관객과의 연결을 수월하게 하고 이야기의 공감을 이끌어 내는 데 도움이 된다. 따라서 캐릭터는 표정이나 의상 그리고 색상과 형태 등 조형 요소가 개성을 표현하는 데에 집중되어야 한다.

캐릭터 디자인의 시작은 리서치에 있다. 전체 디자인 프로세스에서 리서치가 차지하는 비중은 작아 보일지라도 프로세스의 방향성을 잡아내는 중요한 작업이다. 이 사전 작업은 수많은 관련 데이터의 편집으로 어떤 캐릭터가 목적지인지 가려낼 수 있게 한다. 또 리서치로 마련된 디자인 콘셉트로 캐릭터의 비전을 생성한다. 따라서 이 같은 사전 작업에는 많은 시간과 노력이 필요하다. 그러나 이제 AI를 활용한 손쉬운 캐릭터 생성이 가능하다. 인간의 데이터 편집 능력보다 훨씬 방대한 편집 능력이 AI에게 있기 때문이다. 이제 디지털 캐릭터를 탄생시키는 대부분의 일들이 AI 덕에 단순해지고 있다. 따라서 현대사회는 시각적 자극이 넘쳐나고 있다. 인간 디자이너는 과잉 사회에 자신의 독특한 캐릭터 디자인을 선보이기 위해서 현명한 AI의 사용과 함께 자신만의 예술적 정체성을 찾아내야 한다.

생성형 AI와 디지털 캐릭터

디지털 캐릭터를 위한 AI 도구들이 출현했다. 이미 캐릭터 디자인에 디지털 도구들이 중요한 역할을 하고 있었지만 생성형 AI의 등장과 머신 러닝 기술은 이 분야에 많은 변화를 가져왔다. 특히 전문가뿐 아니라 일반인들도 디지털 캐릭터에 접근할 수 있게 AI는 편리한 접근성을 가지고 있다.

그중 몇 가지 AI 생성기를 살펴보자. 엔비디아(Nvidia)의 생성적 적대 신경망인 스타일강(StyleGAN)을 기반으로 한 '아트브리더(Artbreeder)'는 사용자가 선택적 육성 과정으로 독특한 캐릭터를 생성하고 진화시킬 수 있는 협업적 머신 러닝 기반 예술 웹 사이트다. 아트브리더는 기계 학습 알고리즘을 사용해 다양한 캐릭터 디자인을 생성하므로 애니메이션을 비롯한 다양한 장르의 예술가와 디자이너, 그리고 일반 사용자들이 널리 사용하는 도구다. 사용자는 얼굴 특징, 헤어, 의상 등 다양한 시각적 속성을 결합하고 재편집해 새로운 캐릭터를 만들 수 있다. 또한 어도비(Adobe)에서 개발한 '캐릭터 제너레이터(Character Generator)'는 게임과 영화 및 기타 미디어에 사용할 수 있는 현실적 3D 캐릭터를 생성할 수 있다. 캐릭터 제너레이터의 알고리즘도 머신 러닝을 사용하며, 사실적 표정과 의상으로 이루어진 실제 같은 캐릭터를 만들어 낸다.

AI 캐릭터 생성기를 사용하면 몇 초 안에 사용자가 원하는 캐릭터를 디자인할 수 있다. 디자이너가 캐릭터의 외형적 특징이나 성격의 감정적 텍스트를 프롬프트 디자인하면 AI 알고리즘이 디자이너의 콘셉트를 기반으로 캐릭터를 생성해 낸다. 최종적으로 매력적인 캐릭터라고 할 수는 없어도 충분히 독특한 디자인을 선보인다. 여기까지 과정 중에 디자이너는 그림을 그릴 필요도 없으며 심지어 그림 그리는 실력이 없어도 가능하다.

하지만 AI 캐릭터 생성기는 그 유용성만큼이나 몇 가지 허점도 있다. 최종적으로 완성된 캐릭터라면 창의성으로 만들어진 생명력이 있어야 한다. AI는 미리 정의된 매개변수(parameter)로 고유한 캐릭터를 만들 수 있지만 진정으로 독창적이거나 혁신적인 캐릭터라고 하기에 부족한 것이 사실이다. 인간이 사용하는 데이터는 범위의 제한이 없지만 AI 알고리즘은 제한된 데이터에 의존하기에 어쩔 수 없는 현상이다. 완전히 독특한 아이디어를 내놓지 못하는 이유이기도 하다. 따라서 생성형 AI의 효율성은 이를 훈련하는 데 사용되는 데이터의 품질과 양에 따라 달라진다. 데이터가 부실하다면 결함 있는 결과의 생산으로 이어지고 최악의 경우 저작권 문제까지 발생할 수 있다.

캐릭터 디자이너가 AI 캐릭터 생성기를 사용해 작업을 하려 한다면 이러한 AI의 한계와 문제점을 인지하고 신중하게 시작해야 한다. 또한 AI를 창의적 도구로 사용하더라도 디자인 프로세스의 결과물이 대중의 눈을 사로잡게 하기 위해서는 시간과 노력의 투자가 동반되어야 한다. 창의적 자동화는 프로세스의 효율성에 해당되는 이야기이지 창의적 결과물을 자동으로 생산하지는 않기 때문이다.

AI 디지털 캐릭터의 현장

영화 제작자들은 AI를 적용해 다양한 디지털 휴먼과 캐릭터를 창조해 낸다. 제임스 캐머런(James Cameron)이 창립한 글로벌 시각 효과 및 디지털 제작 기업 디지털도메인(Digital Domain)은 AI 머신 러닝 기술인 '마스커레이드(Masquerade)'를 독자 개발하고 〈어벤져스: 인피니티 워(Avengers: Infinity War)〉(2018)의 타노스 캐릭터와 같은 놀라운 디지털 휴먼을 디자인하는 데 사용했다.

머신 러닝 알고리즘을 사용한 새로운 얼굴 연기 캡처 프로세스인 마스커레이드 알고리즘은 인간 배우들이 표현할 수 있는 여러 감정이나 얼굴 특징을 포함하는 방대한 양의 데이터 공급이 필요하다. 감정이 실린 자연스러운 얼굴 표정은 이 데이터의 머신 러닝에서 출발한 캐릭터의 디지털 페이스를 창조해 낸다. 영화 〈어벤져스〉의 타노스는 매우 감정적인 캐릭터였으며, 조시 브롤린

(Josh J. Brolin)은 타노스의 감정적 특성을 가장 잘 표현해 낼 배우였다. 따라서 그의 감정 실제 연기를 캐릭터에 최대한 잘 구현하는 것이 중요했다.

촬영장에서 브롤린의 강렬한 표정 연기는 그가 착용한 헬멧 카메라로 고스란히 데이터화되었다. 이 카메라는 초당 45~50프레임의 카메라 속도로 배우 얼굴의 이미지를 캡처해 머신 러닝 시스템인 마스커레이드로 전송한다. 마스커레이드는 브롤린의 타노스 실제 연기에서 150개 얼굴 데이터 포인트를 약 4만 개 포인트의 고해상도 얼굴 표정 데이터로 변환한다. 그 후 AI는 브롤린의 얼굴 표정이 어떻게 보이고 바뀌는지 기계 학습한다. 그리고 최종 디지털 페이스를 구현하기 위해 헬멧 카메라로 촬영한 얼굴 표정 연기의 저해상도 데이터를 시스템에 입력한다. AI 알고리즘은 브롤린의 얼굴에 대한 기계 학습 결과를 기반으로 저해상도 데이터를 고해상도 데이터로 변환하며 타노스 캐릭터를 완성한다.

2018년 5월 ≪애니메이션 월드 네트워크(Animation World Network)≫에 바버라 로버트슨(Barbara Robertson)이 기고한 "악마에 대한 동정: 디지털 도메인이 '어벤져스: 인피니티 워'의 타노스를 만드는 데 도움을 준 방법(Sympathy for the Devil: How Digital Domain

Helped Create Thanos for 'Avengers: Infinity War')"에서 그녀는 AI 디지털 휴먼 제작의 놀라움을 전했다. 이 기사에서 디지털도메인의 시각 효과 감독인 켈리 포트(Kelly Port)는 "AI 마스커레이드는 처음부터 꽤 괜찮은 데이터 전송을 자동으로 수행했다. 그런 다음 더 나은 결과를 얻기 위해 수정 사항을 입력하면 또다시 학습했다. 제작이 진행되고 수정 사항을 입력하면 솔루션에 대해 더 똑똑해졌다. 결국에는 꽤 정확했다. AI는 매우 성공적이었고 미묘한 부분을 확인하는 데 많은 시간을 절약했다"라며 성공적 머신 러닝 과정을 밝혔다. 기계 학습을 사용해 인간 배우의 얼굴 연기를 데이터로 전환한 타노스의 사례는 역사상 가장 사실적인 AI 기반 디지털 휴먼이다.

참고문헌

Robertson, B.(2018.5.7). Sympathy for the Devil: How Digital Domain Helped Create Thanos for 'Avengers: Infinity War'. *Animation World Network.*: https://www.awn.com/vfxworld/sympathy-devil-how-digital-domain-helped-create-thanos-avengers-infinity-war

06
AI와 스토리보드

영화 제작은 상당히 많은 시간과 예산이 필요하다. 따라서 어떤 장면을 어떻게 만들 것인가는 매우 중요하다. 스토리보드와 사전 시각화는 영화 제작에 효율성을 부여하는 중차대한 역할을 한다. 생성형 AI 모델의 진화와 언리얼 엔진과 같은 실시간 3D 창작 프로세스는 스토리보드의 완벽한 자동 창작과 같은 새로운 사전 시각화 개념의 등장 시기를 앞당기고 있다.

AI와 야구?

비주얼 스토리텔링으로서 스토리보드

스토리보드(storyboard)는 영화의 사전 제작 단계에서 시나리오를 기반으로 예상해 보는 시퀀스의 시각적 표현이다. 이 표현에는 그림이나 그래픽 이미지와 같은 시각 정보들로 채워져 있으며, 카메라 앵글과 움직임, 조명, 배우 동선, 장면 전환 등 제작 정보가 포함되어 있다. 그래서 어떻게 영화를 촬영하고 편집해야 하는지 알게 한다. 마치 만화 형태를 따르고 있는 스토리보드는 시간 순서대로 장면을 나열하며, 그 자체로 이야기의 시작과 끝을 이해할 수 있다. 따라서 비주얼 스토리텔링이라는 개념을 가장 적절하게 보여 주는 도구가 스토리보드라고 할 수 있다. 이 도구는 시각적 스토리텔링을 위해 이미지의 역할을 확장하고 보조로 텍스트를 조화시켜 하나의 이야기를 완벽히 전달한다.

스토리보드 아티스트는 전통적으로 연필과 종이부터 시작했지만 현재는 정교한 디지털 소프트웨어를 주로 사용한다. 수공예적 스토리보드 제작 방식은 시간이 많이 걸린다. 시각적 부분을 다듬기 위해 스케치하거나 스토리보드를 변경하고 재편집하는 작업은 셀 수 없이 많은 시간이 필요하며 생산성이 중요한 과제 중 하나인 산업적 측면에서 보면 분명한 단점이다.

반면 디지털 스토리보드는 유연성과 편집 용이성을 제공한다. AI 능력이 추가된 어도비(Adobe)의 포토숍이나 파이어플라이와 같은 디지털 스토리보드 플랫폼들은 빠른 프로세스 속도와 효율성 그리고 관계자들과의 협업을 제공한다. 디지털 스토리보드 플랫폼은 작업 과정을 단순화하기 위한 미리 디자인된 레이어와 템플릿, 그리고 이미지 라이브러리로 구성되어 있다. 덕분에 아이디어를 구체화하는 시간이 크게 줄어들며 전체 프레임을 다시 그리지 않고도 즉시 변경하거나 반복할 수 있다. 이 같은 디지털 플랫폼의 장점은 온라인과 결합해 팀 구성원 간 원활한 협업을 촉진해 서로 작업을 공유하고 피드백으로 업데이트가 실시간으로 이루어진다는 점이다. 따라서 스토리보드를 만드는 데 필요한 시간과 노력이 과거에 비해 크게 줄었다.

스토리보드가 정지된 이미지를 사용하는 만화 형태를 띠고 있다면 프리비주얼(Pre-Visualization)은 움직이는 그림으로서 애니메이션 형태다. 동영상 콘티라고 부르기도 하고 우리말로 '사전 시각화'라고 지칭하기도 한다. 스토리보드가 2D 표현으로 카메라 앵글과 배우의 동선을 표시한다면, 사전 시각화는 실시간 3D 컴퓨터 그래픽인 언리얼 엔진과 같은 게임 그래픽 기술을 활용해 동영상으로 만들어진다. 실제 촬영할 장면을 구체적으로 사전에 구성해 보는 작업이기에 프리비주얼은 복잡한 카메라 워크나 대규모 군중의 움직임이 필요한 전쟁, 재난 등의 장면에 우선 사용한다. 자동차 추격전이나 대규모 폭발 같은 장면들은 실제 촬영에서 여러 번 반복 촬영하기 어렵기 때문에 사전에 철저히 준비하기 위해서 사전 시각화가 진행된다. 동영상 콘티는 영화미술과 카메라, 특수효과 등 모든 스태프들이 완벽하게 준비하게 해 실제 현장에서 시간과 비용을 최소화하는 제작 안내서 역할을 한다.

스토리보드와 AI

2024년은 창의적 사전 제작으로서 스토리보드 분야에 혁신의 파도가 몰아치는 해였다. 새로운 AI 기술들이 나타나 스토리텔링의 새로운 접근 방식을 보여 주었다. 기술 발전으로 스토리보드 창작 과정은 상호작용이 더욱 강화되었고, 이미 편리한 시스템으로 자리 잡은 디지털 스토리보드를 더욱 단순화했다.

이러한 변화를 이끈 창의적 도구는 AI 스토리보드 생성기로, 스토리텔링 디자인 프로세스의 미래를 앞당기는 디지털 시각화 플랫폼이다. 혁신적 AI 스토리보드 아티스트는 사전 제작을 더 쉽고, 더 빠르며, 더 저렴하게 만드는 데 큰 도움이 된다.

기존의 디지털 플랫폼에 비해 미드저니와 같은 'Text to Image' 생성형 AI 모델은 스토리보드 작업을 한 단계 업그레이드시켰다. 하지만 이 모델들은 한 장의 이미지만 생성하기에 일관성 있는 연속 이미지 생성이 필요한 스토리보드 작업은 어려웠다. 모든 그림이 하나의 맥락으로 그려지기 위해서는 스토리보드 아티스트가 장마다 그에 맞는 프롬프트를 입력해야 했다. 따라서 영화와 TV 그리고 게임용 스토리보드를 위한 전문 사전 시각화 도구에 대한 생성형 AI 개발이 필요했고 많은 시도들이 이어졌다. 그중 미국의 스타트업 AI 시각화 플랫폼인 '로어머신(Lore Machine)'이 두드러진다. 2024년 3월 베타 버전이 출시된 이 최신형 AI 플랫폼은 최대 224만 단어의 텍스트를 업로드하고 소설이나 대본 등을 위한 1792개의 이미지를 생성할 수 있다. 콘텐츠 제작 회사 뉴컴퓨터코퍼레이션(The New Computer Corporation)의 벤 팔머(Benjamin Palmer)는 새로운 AI 도구로서 로어머신이 가지는 독보적인 생산성과 효율성을 언급했다. "일관된 사용자 인터페이스(UI, User Interface)를 갖춘 메가 도구를 사용하는 것은 매우 매력적이다. 이것이 AI 사전 시각화 업계가 지향할 목표라고 생각한다"라며 일관성 있는 연속 이미지를 생성할 수 있는 AI 스토리보드 아티스트의 출현을 반겼다.

같은 해 3월 ≪버라이어티(Variety)≫의 "로어머신과 같은 생성형 AI 도구가 스토리보딩을 재시각화하는 방법(How GEN AI tools like LORE MACHINE revisualize storyboarding)"이라는 기사에서 오드리 쇼머(Audrey Schomer)는 "로어머신은 스토리 텍스트를 멀티미디어로 변환하는 AI 협업 스토리 시각화 시스템"이라고 소개하며, 대본이나 단편소설 같은 텍스트를 업로드하면 자동으로 스토리보드를 생성해 주는 디지털 스토리보드의 진화된 모습을 볼 수 있다고 전했다. 그에 따르면 로어머신의 설립자 토비 캠피언(Thobey Campion)은 "사용자가 시스템에 시나리오, 소설, 단편소설 또는 기타 형식으로 작성된 원본 텍스트를 제공하면 로어머신은 스토리를 분석해 특정 시각예술 스타일로 렌더링된 주요 캐릭터, 장면 및 장소 이미지를 최대 4K 해상도의 이미지 파일로 출력한다. 이러한 이미지를 렌더링하기 위해 로어머신은 사용자가 선택할 수 있는 다양한 일러스트레이션 스타일을 제공한다"라며 일찍 온 스토리보드 작업의 미래를 설명했다.

AI 알고리즘은 스토리보드를 빠르고 효율적으로 생성할 때 필요한 인간의 노고를 획기적으로 줄여 준다. 이 똑똑한 도구는 고급 알고리즘과 머신 러닝으로 텍스트 입력을 분석하고 장면, 캐릭터, 동작 연기 등의 핵심 요소를 추출하며 카메라 앵글, 조명, 화면 구도 등 복잡한 시각 요소를 해석해 낸다. 또한 실시간으로 피드백이 가능하고 그와 동시에 시뮬레이션을 제공해 디자이너의 창의적 개선을 효과적으로 달성하면서 예술적 비전을 효과적으로 전달하는 일관되고 매력적인 스토리보드를 창조한다.

2024년 5월 윌 더글러스 헤븐(Will Douglas Heaven)은 ≪MIT테크놀로지리뷰(MIT Technology Review)≫에 기재한 "나는 생성 AI를 사용해 내 이야기를 스토리보드로 만들었다. 여러분도 할 수 있다(I used generative AI to turn my story into a comic—and you can too)"라는 로어머신 체험 기사에서 "나는 스토리를 텍스트 프롬프트에 입력했고, 로어머신은 텍스트를 분석하고, 캐릭터와 장소의 설명을 추출한 다음, 이러한 정보들을 이미지 생성 모델로 전달했다. 그리고 화면에 그림이 있는 스토리보드가 나타났다. 내 심장은 쿵쾅거렸다"라고 충격적 첫 사용 경험을 말했다. 그의 경험대로 로어머신의 등장은 스토리보드 제작에 '심장이 쿵쾅거리는' 엄청난 변화를 가져온 것이다.

이 같은 충격에 대해 현재 로어머신을 사용해 넷플릭스 애니메이션 시리즈의 가상 세계관을 개발하고 있는 크리에이티브 에이전시 모던아트(Modern Arts)의 설립자 잭 라이더(Zac Ryder)는 "이미지 생성 측면이 문제가 아니라 스토리텔링 수준이다. 내러티브의 흐름부터 캐릭터의 감정까지 처음부터 완벽했다"라며 로어머신의 AI 시각화 능력을 높이 평가했다.

이제 텍스트 입력만으로 모든 스토리보드 작업이 완성되는 시대가 되었다. AI는 스토리보드 요소 구성 및 배열과 같은 반복 작업을 자동화해 아티스트가 창의적 작업에 더 집중할 수 있게 한다. 이처럼 AI는 프로세스를 간소화하는 특별한 능력을 가졌지만 스토리보드에 생명을 불어넣거나 감정적 깊이를 불어넣는 인간의 독특한 관점이나 예술적 상상력은 부족하다. 결국 AI의 기계적 능력과 인간의 창의성은 하늘을 나는 새의 두 날개와 같다. 둘 사이의 완벽한 균형을 찾는 것이 스토리보드 아티스트의 미래 과제다.

참고문헌

Schomer, A.(2024.3.15). How GEN AI tools like LORE MACHINE revisualize storyboarding. *Variety.*: https://variety.com/vip/gen-ai-tools-lore-machine-revisualize-storyboarding-1235942029/

Heaven, W. D.(2024.5.5). I used generative AI to turn my story into a comic—and you can too. *MIT Technology Review.*: https://www.technologyreview.com/2024/03/05/1089458/generative-ai-turn-my-story-into-comic-images-lore-machine/

07

AI와 VFX

영화의 상상력을 극대화하는 역할은 시각 효과 즉, VFX(Visual Effects)가 책임지고 있다. 시각 효과는 관객이 현실에서는 경험할 수 없는 상상 속의 세계로 안내한다, 기본적으로 컴퓨터 그래픽을 기반으로 한 시각 효과는 방대한 인공지능 데이터 편집을 추가해 그 영향력을 확대했다. 이제 AI로 진화한 시각 효과는 영화가 추구하는 시각적 상상의 세계가 가졌던 국경을 허물고 새로운 미지의 세상을 탐험하게 했다.

AI와 윤동주?

시각 효과란

우리는 현재 영화 제작에 AI가 사용되는 시대에 살고 있다. AI는 이미 영화 제작에 상당한 영향을 미치고 있다. 디지털 기반의 시각 효과(VFX, Visual Effect)에서 AI의 영향이 가장 크다고 할 수 있다. VFX는 영화와 TV 제작에서 실제 촬영으로 구현할 수 없는 장면을 위해 컴퓨터 그래픽으로 사실적 이미지를 합성하는 기술을 말한다. 우수한 시각 효과를 보여 주는 영화 대부분은 영화 제작에 기계 학습과 AI를 사용한다. 마틴 스코세이지(Martin Scorsese) 감독의 〈아이리시맨(The Irishman)〉(2019)과 마블스튜디오의 〈어벤져스: 엔드게임(Avengers: Endgame)〉(2019)과 같은 대작 영화들에서 확인할 수 있듯이 영화가 AI 딥 러닝으로 애니메이션되고 렌더링되고 있다.

1857년 오스카 레이랜더(Oscar Rejlander)는 32개 네거티브 필름(negative film)을 단일 이미지로 통합해 몽타주로 만들어 내며 세계 최초의 '시각 효과'를 선보였다. 그의 진보적 실험 이후 초기 영화의 선구자 조르주 멜리에스(Georges Méliès)가 다양한 특수효과를 개발한다. 그는 1896년부터 1913년 사이에 500편이 넘는 영화를 만들었으며, 그 과정에서 다중노출, 저속 촬영, 디졸

브(dissolve) 등의 새로운 편집 및 특수촬영 기술을 개발했다. 레일랜더와 멜리에스의 도전은 기술이 발전하면서 특수 효과와 시각 효과로 나뉘어 각각 발전한다. 시각 효과와 유사하지만 전혀 다른 접근 방식의 특수 효과(SFX, Special effects)는 실제 촬영장에 사용되는 시각적 트릭이다. SFX는 폭발 장면이나 비, 눈, 안개와 같은 날씨 장면 그리고 공룡과 같은 기계적 애니메트로닉스(Animatronics) 모델 등을 창조해 낸다.

시각 효과는 지난 30여 년간 컴퓨터 그래픽을 사용해 발전해 왔다. 시각 효과 기술의 발전에도 컴퓨터그래픽 작업으로 장면의 스펙터클을 창조하기 위해서는 모든 프레임을 하나하나 그려야 하는 수고를 감내해야 했다. 따라서 배우들이 크로마키 세트에서 연기하고 이를 촬영한 원본의 녹색 부분에 컴퓨터로 그려진 배경을 합성하는 과정은 엄청난 제작비가 투입된다. 예산이 적다면 이 과정에서 세밀한 작업을 기대할 수 없으며 화면에도 실사와 CG 사이에 이질감이 생길 수밖에 없다.

현재 대두되는 AI 기술은 시각 효과 분야에서 혁신을 가져왔다. AI는 복잡하고 수동적인 컴퓨터 그래픽 작업을 자동화 시스템으로 업그레이드하면서 화면 합성의 품질을 높여 시간과 비용을 대폭 절감했다. AI의 영향은 자동화에 따른 예산 절감과 품질 고도화에만 국한된 것이 아니다. AI는 영화 창작자들에게 더 많은 상상력을 가져도 된다는 희망적 신호를 보냈다. 따라서 AI 기반의 시각 효과 발전은 영화 제작 전체의 효율성과 창의성을 극대화하고 새로운 영화 제작의 신세계를 열었다.

시각 효과와 AI의 영향

2017년 딥 러닝 스타트업 어레이(Arraiy)는 세계 최대의 컴퓨터 그래픽 기술 콘퍼런스 시그라프(SIGGRAPH)에서 AI 기반 영상 제작으로 '실시간 그래픽 인터랙티브 최우수상(Award for Best Real-Time Graphics and Interactivity)'을 수상했다. 어레이는 머신 러닝을 이용해 도로 위의 다양한 자동차를 촬영하고 동시에 자동차의 움직임, 형상, 조명 등을 실시간으로 반영해 고품질 렌더링으로 시각 효과를 구현했다.

이후 영화 제작에서 AI 기반 시각 효과는 눈부신 창조를 이어가고 있다. 딥 러닝은 시각 요소들이 대규모로 등장하는 전쟁이나 자연재해 등 특별한 장면을 실시간으로 생성하는 알고리즘으로 사용된다. 딥 러닝 알고리즘으로 영화 제작 과정이 신속하고 효율적이며 스펙터클한 장면의 정확성이 보장되었다.

또한 AI로 창조 가능해진 표현 영역이 확장되면서 새로운 시도들이 영화 제작에 등장했다. 〈제미니 맨(Gemini Man)〉(2019)은 20대의 윌 스미스(Will Smith)와 50대의 윌 스미스가 동시에 등장하는 영화다. 영화에서 윌 스미스의 복제 인간이 등장하기에 어쩔 수 없이 동일인이 동시에 등장해야 했는데 그중 한 명은 20대의 얼굴과 몸이어야 했다. 이 기막힌 장면을 위해 AI 페이셜 애니메이션(Facial Animation)과 딥 러닝을 적용해 실감 나고 정교한 젊은 윌 스미스의 표정을 만들어 냈다. 이 작업에서 AI 딥 러닝은 과거 윌 스미스의 모든 영화 장면들을 학습했다. 젊은 시절 그의 표정과 몸의 형상을 기계 학습하면서 새로 촬영한 현재의 윌 스미스의 표정과 몸을 새로운 이미지로 변형했다.

이 기술은 통상 디에이징(de-aging)이라고 부르며, 마틴 스코세이지(Martin Scorsese) 감독의 〈아이리시맨(The Irishman)〉(2019)에서도 시도된다. 하지만 〈제미니 맨〉과 다른 AI 기술을 사용했다. ≪와이어드(WIRED)≫의 앤절라 워터커터(Angela Watercutter)는 "영화 〈아이리시맨〉은 올바른 디에이징 기법을 터득했다. 더 이상 추적 마커는 필요 없다(The Irishman Gets De-Aging Right—No Tracking Dots Necessary)"라는

2019년 12월 기사에서 AI 시각 효과로서 컴퓨터 얼굴 스캔을 위한 기존의 추적 마커시스템이 아닌 자연스러운 맨얼굴로 연기하는 새로운 디에이징 기법을 소개했다. 감독은 노배우들의 얼굴에 추적 마커를 찍어 연기시키고 싶지 않았다. 그는 자연스러운 맨얼굴로 연기하기를 바랐으며 ILM(Industrial Light & Magic)이 새롭게 개발한 AI 시스템 플럭스(Flux)는 그의 바람을 현실화해 주었다. 플럭스 시스템은 전통적 헤드 마운트 카메라 없이도 현장에서 배우의 얼굴 데이터를 캡처할 수 있어 촬영 현장에서 시각 효과의 방해 없이 진정한 연기가 가능해졌다.

플럭스는 적외선 카메라가 인식한 배우 얼굴 데이터를 메인 카메라의 이미지와 결합해 각 배우의 얼굴에 해당하는 디지털 마스크를 만든다. AI는 40대 초반부터 80대까지 다양한 연령대의 인물 표정을 구현하기 위해 각 배우들의 과거 영화들을 집중적으로 기계 학습해 각각의 디에이징한 얼굴 이미지 카탈로그를 구성한다. 이렇게 생성된 이미지 라이브러리를 기반으로 최초에 촬영한 디지털 마스크의 디에이징을 완성한다.

시각 효과 스튜디오 디지털 도메인도 영화 제작 중 배우가 얼굴에 추적 마커를 착용할 필요가 없는 마스커레이드3(Masquerade3) 얼굴 모션 캡처 시스템을 출시했다. 기존 시스템에 비해 추적 마커를 사용할 필요가 없어 더 정확한 성과를 얻는 동시에 시간과 비용 절감을 기대할 수 있다.

실제 배우 얼굴에 추적 마커를 찍고 컴퓨터가 그의 표정을 캡처해 디지털 휴먼을 구현하는 방식에서 ILM의 플럭스, 디지털 도메인의 마스커레이드3처럼 추적 마커가 필요 없는 AI 페이셜 애니메이션 시스템으로의 시각효과 기술 발전은 영화 제작자들에게 새로운 가능성을 보게 했다. 현재의 배우 없이 과거의 배우를 디지털로 불러와 영화를 만들 수 있다는 상상을 하게 된 것이다. 이미 영화 역사에 수많은 명작과 명배우들이 데이터로 존재하기 때문에 이 상상은 현실화하기 쉽다. 전 세계 42개국에 4000여 명의 회원을 둔 '시각효과소사이어티(VES, Visual Effects Society)'의 회장 마이크 체임버스(Mike Chambers)는 "배우를 젊어 보이게 하는 것도 있지만, 고인이 된 배우를 부활시키는 것도 있다. 하지만 이것은 또 다른 문제다. 철학적, 윤리적 고심에도 사람들은 부활의 방법을 알아내고 사용하고 싶어 할 것이다. 따라서 사람들이 그것을 현명하게 사용할 것인가, 아니면 그저 착취적으로 사용할 것인가의 문제가 남는다"라며 신중한 결정이 필요하다고 말했다. 기술의 발전이 자칫 현재 영화 제작 시스템의 창의적 노동에 부정적 영향을 줄 수도 있기 때문이다.

첨단 AI 디지털 휴먼 제작에도 문제가 없는 것은 아니다. 그중 가장 큰 문제는 "불쾌한 골짜기(uncanny valley)" 현상이다. 이 현상은 로봇이나 인조인간 같은 것에 느끼는 사람의 감정에 관련된 로봇공학 이론이다. 이 이론은 디지털 휴먼 창조에도 해당된다. 로봇이나 인조인간이 사람의 모습과 흡사해질수록 인간이 느끼는 호감도가 증가하다가 어느 정도에 도달하면 갑자기 강한 거부감으로 바뀌게 된다. 그러나 로봇이나 인조인간의 외모와 행동이 인간과 거의 구별이 불가능할 정도가 되면 호감도는 다시 증가해 사람이 사람에게 느끼는 감정 수준까지 접근한다. 따라서 완벽하지 않은 외모의 디지털 휴먼은 관객에게 불쾌한 골짜기를 선사한다. AI 시각 효과의 방향성도 이 지점을 명확히 인지하고 있어 골짜기를 건너려는 창의적 시도는 계속되고 있다.

참고문헌

Watercutter, A.(2019.12.5). The Irishman Gets De-Aging Right—No Tracking Dots Necessary. *WIRED US.*:

https://www.wired.com/story/the-irishman-netflix-ilm-de-aging

Giardina, C.(2024.4.17). VFX House Digital Domain Launches Markerless MoCap Facial Tracking System. *Variety.* https://variety.com/2024/artisans/news/vfx-digital-domain-masquerade3-markerless-moca

08
AI와 창의적 노동의 위협

영화미술은 화려하게 보이지만 사실 길고 지루한 작업의 연속이다. AI는 고단한 창의적 노동을 대체하여 작업의 효율성을 높이고 예산을 최소화하게 한다. 그럼에도 AI는 인간의 창의성과 전문성을 완전히 대체할 수 없다. 결국 영화미술 작업에 새로운 생성형 인공지능 기술을 가장 잘 통합하는 방법은 이 기술을 받아들이는 영화미술가와 디자이너들의 열린 태도와 창의적 열정에 달려 있다.

AI와 한의학?

생성형 AI의 폭발적 성장과 반노동

시장조사 전문 기관 AMR(Allied Market Research)이 발표한 『글로벌 AI 거버넌스 시장 업종별 기회 분석 및 산업 예측(2021-2031년) 보고서(AI Governance Market by Component, Deployment Mode, Enterprise Size, Industry Vertical: Global Opportunity Analysis and Industry Forecast, 2021-2031)』에 따르면, AI 거버넌스 시장은 2021년 8078만 달러 규모로, 2022년부터 2031년까지 연평균 성장률(CAGR) 42.1%로 성장해 2031년에는 27억 달러에 이를 것으로 예상된다. 특히 생성형 AI는 콘텐츠 산업의 팽창과 더불어 기술 시장이 폭발적으로 증가하고 있다.

생성형 AI의 팽창은 결과적으로 창의적 노동에 종사하는 예술가와 디자이너들의 노동시장을 위협한다. 첨단 기술은 작업의 효율성을 담보하고 더 나은 결과물을 디자이너에게 제공한다. 하지만 이러한 풍요 뒤에는 일자리 감소라는 그늘도 존재한다. 산업혁명 이후 등장한 '기계로 대체되는 노동 불안감'은 새로운 기술이 등장할 때마다 단골처럼 회자되는 주제다. 하지만 생성형 AI의 등장은 디자이너의 창의적 노동마저 대체할 것이라는 막연한 불안감마저 들게 한다. 결국 AI가 도구에 불과하다는 주류 의견에도 창의적 노동에 대한 AI의 위협은 상당하다. 어쩌면 미래의 디자이너에게는 창의적 노동이 더 이상 존재하지 않을 수도 있다.

넷플릭스에서 배급한 마키하라 료타로(Ryōtarō Makihara)의 SF 단편 애니메이션 〈개와 소년(The Dog & The Boy)〉(2023)은 AI 아트를 사용해 영화의 배경을 생성했다. 이 영화는 넷플릭스 애니메이션 파트(Netflix Anime Creators Base)가 생성형 AI 모델인 달리(DALL-E) 기반의 AI 아트 프로그램을 사용한 첫 작품이다. 모험적 시도였지만 넷플릭스는 기존 애니메이션 제작자들에게 반발을 사기도 했다. 창의적 노동자 입장에서 보면 기회의 감소이기 때문에 당연한 반발이었다. 생성형 AI가 계속해서 발전함에 따라 〈개와 소년〉과 같은 사례는 앞으로 더 다양한 문제로 번질 수 있다.

또한 많은 디자이너들의 작품이 AI 학습을 위한 데이터로 사용되고 있다. 시간이 지나면서 학습을 위한 데이터보다 AI가 디자이너의 작품들을 기반으로 재창조한 이미지들로 넘쳐나 오히려 자신의 작품을 인터넷에서 찾기 어려운 상황이 도래할 수 있다. 어쩌면 디자이너 작품의 예술적 정체성은 이제 사라질 위기에 있는지도 모른다. 이와 관련해 콘셉트 아티스트이자 일러스트레이터인 그레그 럿카우스키(Greg Rutkowski)는 ≪MIT테크놀로지리뷰(MIT Technology Review)≫ 인터뷰에서 "생성형 AI를 경험한 지 이제 한 달 됐다. 1년 뒤에는 어떨까? 인터넷이 AI 예술로 넘쳐날 것이기 때문에 아마도 내 작품을 그곳에서 찾을 수 없을 것이다"라며 창의적 노동의 위기를 한탄했다.

영화미술 제작 현장에서 생성형 AI는 본질적으로 반노동에 가깝다. 결국은 값싼 아웃소싱 업체가 될 것이라는 우려가 존재하며, 실제로 지난 10여 년 동안 콘셉트 아트와 일러스트레이션 업계는 인건비가 더 저렴한 곳으로 일자리가 옮겨 가고 있었다. 하지만 이마저도 AI가 대체할 것이라는 우려는 어떻게 보면 합리적 의심이라고 할 만하다. 결국 무한한 생산성을 가진 생성형 AI는 점점 고도화할 것이며, 그에 비해 창의적 노동자들의 자리는 점점 사라질 위기에 처해질 가능성이 크다.

AI에 대한 불안감은 세계 각국의 AI 산업 관리 감독으로 연결되고 있다. 유엔교육과학문화기구인 유네스코(UNESCO)는 2021년 11월에 모든 회원국이 모인 자리에서 「AI에 대한 윤리지침(Recommendation on the Ethics of Artificial Intelligence)」을 채택했다. 또한 네덜란드, 스페인, 독일 등 많은 유럽 국가들이 유네스코와 함께 AI의 윤리 감독을 위한 AI 규제 기관을 계획하면서 지속 가능하고 시민 중심적 AI 산업 개발이 되도록 유도하고 있다.

창의적 노동의 진화와 적응

20세기는 기술 발전이 노동자들을 소외시키기보다 그들의 부족한 노동력을 보충하고 생산성 향상을 위한 효율적 노동을 지원한 '노동의 시대'였다. 『노동의 시대는 끝났다. 기술 빅뱅이 뒤바꿀 일의 표준과 기회(A World Without Work: Technology, Automation, and How We Should Respond)』의 저자 대니얼 서스킨드(Daniel Susskind)는 현재는 더 이상 노동의 시대가 아니라고 진단한다. 인간의 노동을 대체하는 AI로 무장한 기계가 전문 지식과 판단력이 요구되는 전문직도 대신하려 한다고 하며 "과거에는 반복적이고 틀에 박힌 작업은 기계가 처리하고 인간은 최종 판단을 한다고 여겨졌다. 하지만 딥 러닝 등 빅데이터를 활용한 AI 발달로 기계가 인간 판단까지 대신하기 시작했다"고 경고했다. 실제로 2016년 한국고용정보원의 예측에 의하면 주요 직업 400여 개 중 AI로 대체 불가능한 직업이 1위 화가, 2위 사진작가, 5위 애니메이터 및 만화가였지만 생성형 AI의 등장으로 이

예상은 완전히 빗나가 버렸다.

서스킨드의 경고와 2016년의 빗나간 예측은 예술 분야에 등장한 AI의 창조성을 목도하면 충분히 이해할 수 있다. AI 소프트웨어 기업인 엔비디아는 생성적 적대 네트워크(GAN, Generative Adversarial Network)를 활용한 이미지 창조 소프트웨어 '고갱(GauGAN)'을 2019년 출시했다. 후기 인상주의 화가였던 폴 고갱의 이름에서 따온 AI 예술가 '고갱'은 복잡하고 사실적인 이미지를 생성할 수 있는 일종의 페인팅 소프트웨어다. 산과 바다 등을 지정해 주고 간략한 선으로 대략적 스케치를 하면 기계는 놀랍고 사실적인 바다와 산을 몇 초 만에 생성한다. 더군다나 이 기계 예술가는 고흐 같은 특정한 작가의 작품 스타일을 기계 학습해 사용자의 요구를 마치 고흐의 그림처럼 출력한다. 어찌 보면 이미 오래전에 사라진 예술가를 현대 기계가 다시 살려내듯이 말이다.

유명한 AI 아티스트 애나 리들러(Anna Ridler)는 영국 ≪가디언(The Guardian)≫과의 2022년 11월 인터뷰에서 "AI는 개념을 처리할 수 없다. 무너져 가는 시간, 기억, 생각, 감정의 순간들을 시각적으로 예쁘게 보이도록 하는 것은 중요하지 않다. 중요한 것은 그것을 예술 작품으로 만드는 실제 인간의 기술이다"라며 AI의 약점과 함께 그것에 대비되는 인간의 창의적 생산 능력의 우수성을 주장했다. 그러면서 그녀는 생성형 AI 도구로서 달리(Dall-E) 2를 처음 사용했을 때 무척 놀랐지만 계속 사용하면서 어떠한 영감도 느끼지 못했다며 자신은 생성적 적대 네트워크라는 또 다른 종류의 AI를 사용한다고 했다. AI 예술 분야에서 주로 사용되는 GAN은 엔비디아의 고갱과 같이 딥 러닝으로 이미지를 생성, 조합, 변형하는 알고리즘 기술이다. 생성자와 식별자가 서로 대립하며 서로의 성능을 점차 개선해 나가는 쪽으로 학습이 진행된다. 예술과 디자인에서 AI가 가져올 위기에도 AI에 적응하려는 예술가와 디자이너들은 이 지점에서 창의적 개선이 이루어지기를 기대하고 있다.

ETRI 웹진의 "AI는 사람의 일자리를 위협할까?"라는 2019년 기사에서 미국 오하이오주립대학(The Ohio State University) 교수 마이클 글래스먼(Michael Glassman)은 "미래 AI가 현재보다 더 많은 기능을 수행하겠지만, 실제로 사라지는 직업의 수는 과장됐다"고 말했다. 이 말은 AI의 발달로 창조적 노동의 기회 감소, 즉 일자리 문제가 그리 비관적이지만은 않다는 것이다. 인간의 역사에서 패러다임의 대변혁을 맞이하던 인류는 항상 적응하고 진화하며 발전해 왔다. 자연의 모든 시스템이 그렇듯이 이번에도 인간은 방법을 찾아낼 것이다.

대한민국 정부도 2024년 7월 "인공지능(AI) 디자인 확산 전략"을 발표하는 등 새로운 시대적 과제에 대응하려고 한다. 이 전략은 AI 디자이너를 1만 명 양성하고 디자인 혁신 기업 500개를 만들어 디자인 기업 AI 도입률 50%를 달성하고, 전 산업의 디자인 활용률을 60%로 끌어올리겠다는 계획이다.

그렇다면 AI가 가져온 대변혁의 시대에 적응과 진화 측면에서 예술과 디자인을 위한 새로운 창조적 노동은 무엇일까? 기존의 예술이나 디자인 작업에 AI를 결합해 새로운 창작 방법을 고안할 수도 있겠지만 'AI 프롬프트 디자이너', 'AI 최고디자인책임자', 'AI 이미지 데이터 관리자'와 같은 새로운 직업도 생각할 수 있다. 이제 디자인 프로세스가 AI 시스템으로 바뀔 수밖에 없고 데이터 선택의 중요성이 대두되기 때문에 정확한 데이터 출력을 위한 프롬프트 디자인과 전체 프로세스를 총괄하는 개념의 AI 최고디자인책임자 그리고 정확한 데이터를 선택하는 AI 이미지 데이터 관리자 등의 새로운 직업이 나타날 수도 있다.

참고문헌

구아현(2024.7.9). 정부, 'AI 디자인 확산 전략' 발표. ≪디지틀조선일보≫, https://digitalchosun.dizzo.com/site/data/html_dir/2024/07/09/2024070980250.html

AMR(2023.2). AI Governance Market by Component, Deployment Mode, Enterprise Size, Industry Vertical: Global Opportunity Analysis and Industry Forecast, 2021-2031. Allied Market Research.: https://www.researchandmarkets.com/reports/5781811/ai-governance-market-component-deployment-mode

Clarke, L.(2022.11.12). When AI can make art – what does it mean for creativity?. The Guardian.: https://www.theguardian.com/technology/2022/nov/12/when-ai-can-make-art-what-does-it-mean-for-creativity-dall-e-midjourney

ETRI(2019.3). 인공지능은 사람의 일자리를 위협할까?, *ETRI Webzine.* : https://www.etri.re.kr/webzine/20190315

Susskind, D.(2020). A World Without Work: Technology, Automation, and How We Should Respond. Metropolitan Books, 김정아 역(2020). 『노동의 시대는 끝났다. 기술 빅뱅이 뒤바꿀 일의 표준과 기회』. 와이즈베리.

09
AI 제공 이미지의 저작권과 윤리 문제

AI 생성 이미지 사용은 데이터로 사용된 수천 명의 예술가들이 창조해 낸 이미지의 저작권을 둘러싼 윤리적 문제가 상존한다. 저작권자의 동의 없는 이미지를 데이터로 사용하는 경우도 심심치 않게 발생한다. 이런 문제는 결코 AI 자체의 위험이 아니다. 인공지능 기술 뒤에 숨은 무책임한 인간의 문제다. 결국 우리는 기술이 아닌 윤리의 문제에 직면해 있다.

생성형 AI 콘텐츠의 저작권과 윤리적 문제

생성형 AI가 가져온 생산성 향상과 효율화에도 불구하고 AI 생성 콘텐츠의 오용 관련 윤리적 우려는 더욱 커져만 간다. 생성형 AI가 데이터를 학습하고 분석해 새로운 결과물을 도출할 때 필연적으로 기존에 제공된 이미지를 학습용 데이터로 사용한다. 이 과정에서 기존 이미지의 저작권을 심각하게 침해하거나 매우 사실적 딥페이크로 조작된 콘텐츠가 대중을 속이는 등 심각한 피해가 계속되고 있다. 현재 AI는 인간과 기계를 구별하는 튜링 테스트를 통과할 만큼 발전했지만 아직 윤리 · 도덕적으로 인간의 가치를 따라올 수 없는 것이 현실이다.

2023년 세계적 사진 창작 콘테스트인 '소니 월드 사진 어워드(Sony World Photography Awards)'에서 우승한 보리스 엘다그센(Boris Eldagsen)은 충격적 사실을 실토했다. 바로 자신의 작품은 AI가 제작했다는 것이다. 심사위원 모두 AI 작품이라고는 전혀 생각하지 못했다. 영국 BBC는 경험이 풍부한 사진 혹은 예술 전문가라도 AI의 진위를 판별할 수 없는 시대가 되었다고 창작성의 위기를 경고했다.

같은 해, 사라 앤더슨(Sarah Andersen), 켈리 매커넌(Kelly McKernan), 카를라 오티즈(Karla Ortiz)라는 세

예술가는 미드저니를 비롯한 세 개의 AI 기업을 대상으로 저작권 침해 소송을 제기했다. AI가 기계 학습을 위해 사용하는 데이터가 각 예술가들의 동의를 거치지 않아 법적으로 저작권 침해가 일어난다는 것이다. 실제로 머신 러닝은 웹에서 모아진 50억 개의 이미지 데이터로 이루어지므로 수백만 명의 예술가 권리를 침해하고 있다고 생각할 수 있다. 그러나 미국 법원은 이 소송의 대부분을 기각했다. 그러면서 앞으로 제기되는 AI의 저작권 침해 관련 자유로운 문제 제기와 함께 이를 판단할 엄격한 기준 마련의 필요성을 피력했다.

생성형 AI는 이미 수많은 산업과 업무 영역에서 기존의 프로세스를 흔드는 생산성과 효율성을 가져왔지만, 영향력이 큰 만큼 AI의 확산으로 사회, 문화, 경제에 미치는 부정적 기류를 신중하게 통제할 필요성은 더 높아졌다. 신중한 통제는 개인에서 기업 그리고 정부 단위의 공동체가 함께 고민해야 한다. 기존 노동 시장의 붕괴와 새로운 일자리의 탄생, 저작권에 부합하는 데이터 사용, 정보의 오류나 유해한 콘텐츠 등에 대한 진지한 고민이 기술 발전과 함께 있어야 인류에게 유익한 AI 사회가 될 것이다.

2021년 11월에 AI의 한계를 극복하기 위한 공동체의 결정이 유네스코에서 처음 만들어졌다. 유네스코 193개 회원국 모두는 "AI 윤리에 관한 권고안"에 동의하며 이를 채택했다. 이 권고안은 투명성, 공정성, 인간에 의한 감독 등의 원칙을 강조하며, AI 개발이 인간 사회에 긍정적으로 기여하게 하면서 편향 및 차별과 같은 위험을 최소화하는 것을 목표로 한다.

이 권고안 이후 수많은 논의들이 국제적으로 진행되었으며, 2024년 6월 28일 유네스코는 파리에서 국제적으로 인정받는 최고의 AI 전문가들이 참여하는 "AI 거버넌스에 관한 정책 대화(Policy Dialogue on AI Governance)"를 개최했다. 역사상 최초로 전 지구적 AI 전문가들이 모인 이 논의에서 유네스코는 AI의 윤리와 거버넌스에 대한 지식, 전문가 통찰력, 모범 사례를 위한 플랫폼인 "글로벌 AI 윤리 및 거버넌스 관측소(Global AI Ethics and Governance Observatory)"를 설립해 AI의 윤리적 사용을 촉진하기로 했다. 이 관측소는 정책 입안자, 규제 기관, 민간 부문을 위한 포괄적 자원을 제공하기로 했다. 이 자리에서 가브리엘라 라모스(Gabriela Ramos) 유네스코 사회인문과학 사무총장보는 다음과 같이 말하며 AI의 중요성과 윤리 문제를 역설했다.

"AI만큼 윤리적 나침반이 중요한 분야는 없다. 이러한 범용 기술은 우리가 일하고, 상호 작용하고, 생활하는 방식을 재편하고 있다. 세상은 6세기 전 인쇄술이 발명된 이래로 볼 수 없었던 속도로 변할 것이다. AI 기술은 여러 분야에서 큰 이점을 제공하지만 윤리적 가드레일이 없으면 현실 세계의 편견과 차별을 재현하고 분열을 촉진하며 기본 인권과 자유를 위협할 위험이 있다."

디자이너의 올바른 생성형 AI 사용법

창조 도구로서 생성형 AI에는 문제가 없다. 다른 모든 도구들처럼 사용되는 방식이 중요할 뿐이다. 따라서 AI를 대하는 인간의 방식이 정당한 기준을 가지고 있다면 저작권이나 윤리의 문제는 충분히 해결 가능하다. 디자이너가 피카소 스타일을 따라 하고 이것을 자신의 작품이라고 주장한다면 비윤리적이며 명백한 표절이다. 하지만 피카소와 몬드리안의 스타일을 결합하면서 영감을 떠올려 완전히 새롭고 독특한 스타일을 발표한다면 이것은 자신의 작품이 될 가능성이 크다. 따라서 AI를 사용할 때 프롬프트에 렌더링되는 이미지가 자신의 창작물이라고 여기지 않는 것이 중요하다. 이 결과물은 사전에 학습된 데이터의 영향이 프롬프트 작성자의 영향보다 크기에 사용자 자신의 저작물이 아닌 것이다.

결국 저작권을 판단하는 기준은 창의성이며, 저작권 문제 해결은 디자이너에게 무척 중요하다. 창의성의 사회적 인정은 저작권이라는 법적 구속으로 확인받을 수 있기 때문이다. 따라서 생성형 AI를 도구로 사용할 때 디자이너들이 생성한 콘텐츠의 저작권 여부를 가려 줄 기준은 반드시 필요하다. 다행히 문화체육관광부와 한국저작권위원회가 2023년 12월 AI 학계와 법조계 그리고 관련 산업기술계의 전문가를 모아 현행법과 국내외 사례를 바탕으로 최소한의 가이드라인인 생성형 AI 저작권 안내서를 내놓았다.

이 안내서를 기준으로 디자이너들의 생성형 AI 기반 창작 작업에 가장 영향을 주는 저작권 관련 해석 두 가지를 살펴보면 다음과 같다.

첫 번째는 디자이너가 생성형 AI를 활용해 콘텐츠를 만들었다면 스스로 저작권을 가질 수 있는가다. 현행 저작권법 제2조에 따르면 "'저작물'은 인간의 사상 또는 감정을 표현한 창작물을 말한다. '저작자'는 저작물을 창작한 자를 말한다." 그러므로 법에 따르면 '인간의 창작물'만이 저작물이어서 '권리 능력을 가진 자연인 또는 법인'만이 저작자로 인정된다. 결국 생성형 AI가 자동으로 생성한 결과물은 현행 저작권법의 보호 대상이 아닐 수밖에 없다.

두 번째는 다른 사람이 게시한 생성형 AI 콘텐츠를 재사용했을 때 저작권 위반 여부다. 생성형 AI가 도출해 낸 결과물은 저작권법상 저작권이 인정되지 않기에 이를 재사용했다고 해 저작권 위반은 아니다. 하지만 생성형 AI가 결과물을 생성하기 위해 학습한 데이터의 원본 저작권자의 권리 침해 문제가 있다. 따라서 저작권에 문제가 발생하지 않으려면 생성형 AI를 활용해 얻은 결과물은 AI를 사용했다는 출처 표기를 반드시 해야 한다.

2024년 5월 21일 정부는 국무회의에서 "새로운 디지털 질서 정립 추진계획"을 보고했다. 보고에는 출처 표기 관련 내용이 들어 있다. AI 생성물에 워터마크 표시를 의무로 해야 한다는 방안이다. 추진하려는 'AI 워터마크'는 AI 기술을 바탕으로 제작된 디지털 이미지나 문서에 AI를 사용했다는 문구가 표기되도록 하는 제도다. AI 워터마크로 일반 사용자가 해당 콘텐츠가 생성형 AI로 만들어졌다는 것을 쉽게 알게 해 저작권 혼선이나 허위 정보의 유통을 막을 수 있다.

이런 제도적 접근으로 올바른 AI의 사용이 가능하지만 가장 중요한 해결은 교육에 있다. AI 관련 첨단 기술이나 도구로서 활용 방법을 학생들에게 가르치는 것이나 AI가 가져올 그들의 미래를 생각해 보는 창의적 시간을 갖는 교육도 필요하다. 더불어 AI를 받아들이는 인간의 윤리적 태도와 사회에서 AI를 어떻게 긍정 방향으로 유도할 것인지 함께 토론하는 것이 무엇보다 중요하다.

참고문헌

한국저작권위원회(2023.12). 『생성형 AI 저작권안내서』. 문화체육관광부 · 한국저작권위원회, https://www.copyright.or.kr/information-materials/publication/research-report/view.do?brdctsno=52591

Ramos, G.(2024.6.27). *Policy Dialogue on AI Governance.* UNESCO.: https://www.unesco.org/en/articles/policy-dialogue-ai-governance

UNESCO(2021.11.23). *Recommendation on the Ethics of Artificial Intelligence.* UNESCO Social and Human Sciences Sector.: https://unesdoc.unesco.org/ark:/48223/pf0000381137

10
AI와 영화미술 교육의 미래

AI는 영화미술 현장뿐 아니라 교육에도 많은 변화를 가져왔다. 교육과정을 새롭게 구성하고 그에 맞는 AI 활용 수업을 설계해야 한다. 고전적 훈련 방법으로 영화, 건축, 미술, 디자인 교육이 AI 신경망과 어떻게 조화를 이룰지 생각해야 하며, 영화미술 교육 전반에 창조적 예술 학습으로서 AI 디지털 리터러시 체계를 도입해야 한다.

종교와 AI?

교육 패러다임의 대전환

생성형 AI(generative Artificial Intelligence)의 대두는 미술 교육계에 비상한 관심을 불러일으키며, 영화미술 교육에도 새로운 변화를 요구했다. 생성형 AI는 영화와 영화미술 제작을 공부하려는 학생들에게 광범한 데이터 기반의 기호학적 이미지 생성을 지원한다. 따라서 자신의 비주얼 스토리텔링이 지향하는 대중 정서를 이전보다 명확히 표현할 수 있게 되었다. 하지만 학생들의 창작 과정에 주체성 상실이나 부정적 예술 인식이 자리할 위험성도 있다. 따라서 예술 교육에 생성형 AI의 적용과 영향을 분석하고 미래 교육의 방향성을 새롭게 구성하는 교육철학으로의 전환이 필요하다.

미술과 디자인은 예술 현장과 교육에서 도구와 기술 변화를 수용해 온 오랜 역사를 가지고 있다. 프레스코(Presco)에서 템페라(Tempera)로 회화 기술이 발전하고 다시 유화와 아크릴물감으로 창의적 세계를 표현하면서 우리는 새로운 도구의 역사적 출현을 지켜보았다. 미술 교육은 이런 역사적 배경을 학습하면서 회화, 조각, 디자인과 같은 기본 예술을 배워 나간다. 각 예술 장르는 그에 맞는 도구로 예술적 감각을 키우면서 표현력을 배운다. 프레스코와 템페라처럼 포토숍과 같은 디지털 드로잉은 미술학도의 훌륭한 도구로서 예술 학습을 지원했다. 생성형 AI는 디지털 드로잉을 새롭게 대체하거나 보조하는 도구다. 이 첨단 디지털 저작 도구는 학생들에게 더 넓은 창작 영역과 다양한 예술 경험을 하게 한다. 하지만 지식 탐구와 맥락 이해 등 전통적 미술 교육이 없다면 AI의 엄청난 능력에도 AI는 신기하지만 단순한 색연필에 지나지 않는다. 결국 예술 교육은 지금까지의 전통 예술 교육을 계승하면서 AI가 가져온 새로운 창작 가능성을 가르치고 여기에 모험심 가득한 예술적 도전을 더해야 한다.

2023년 5월 유네스코는 생성형 AI 도구가 교육이나 학습에 미치는 영향 관련 지식을 공유하기 위해 최초로 글로벌 교육장관 회의를 개최했다. 이 회의에서 유네스코는 정부, 학계, 시민사회, 민간 부문 파트너와의 글로벌 교육 정책을 주도하기 위한 로드맵을 추진했다. 유네스코의 교육담당 사무총장 스테파니아 자니니(Stefania Giannini)는 『생성형 AI와 교육의 미래(Generative AI and the future of education)』라는 보고서에서 AI가 불러온 교육 패러다임의 대전환을 상기시켰다. 그녀는 "학교와 대학은 젊은이들에게 어떤 도구를 사용하고 추천하는지 확신할 수 있는 곳이어야 합니다"라며 AI 교육을 위해 학교가 먼저 AI를 받아들이는 변화가 필요하다고 했다. 또한 AI 기술이 누구에게 어떤 이유로 사용돼야 하고, 또한 사용되면 안 되는지 규범이 먼저 확립돼야 한다고 했다. 결국 이 규범의 정립은 상업적 목적으로 AI를 개발하는 기업이 아니라 교육 전문성을 가진 교육기관이 주체가 되어야 한다.

교육 현장에서 AI는 어떻게 활용되고 있을까

오늘날 AI 기술을 사용한 콘텐츠는 창조된 예술 작품이라기보다는 수많은 데이터를 학습한 기계의 변형된 모방 데이터로 보는 이들이 많다. 하지만 모방은 창조의 어머니라는 말도 있듯이 거듭된 모방의 모방으로 원작의 정체성마저 사라진다면 새로운 창조물로 발전할 수도 있다. 또한 AI의 데이터 학습을 모방이라고 치부하기에는 미래의 창조적 가능성이 큰 것도 사실이다. 생성형 AI는 현재의 미술이나 미술가를 대신하지 않는다. AI는 참신한 아이디어를 떠올리게 해 주는 새로운 미술 도구일 뿐이다. 결국 예술 교육 특히 미술, 디자인에 AI와 공존하는 교육과정들이 필요할 때이며, 이미 많은 전 세계의 학교에서 생성형 AI를 활용한 교육과정과 전공을 신설하고 있다.

맨체스터 메트로폴리탄대학교(Manchester Metropolitan University) 디자인 부총장 데이비드 그림쇼(David Grimshaw)는 "맨체스터 대학에서 우리는 AI의 영향을 잘 알고 있으며 학생들의 AI 사용을 막을 수는 없다. AI는 이미 그들이 주로 사용하는 도구이며 졸업 이후 미래의 직업과 관계있는 창의적 디자인에 필수라는 새로운 현실을 받아들여야 한다. AI를 학생 디자인 실습에 더 많이 통합할수록 새로운 창의적 도구로 AI의 힘을 활용하는 방법을 더 많이 이해하게 될 것이다. 그러나 우리는 학생들과 협력해 이러한 도구가 만들어 내는 창의적이고 윤리적인 문제를 탐구하고 이해해야 할 책임도 있다"라며 디자인 교육에서 AI의 중요성과 학교의 책임을 설명했다.

글래스고미술대학(The Glasgow School of Art)의 디자인 교수 데이브 로더 박사(Dr. Dave Loder)는 "우리 학과에서는 교육학이나 실무 모두를 위한 미드저니와 같은 AI 이미징 도구의 잠재력을 탐색하기 위해 학생들과 협력해 학습 활동을 수행한다. 이러한 협력으로 AI 이미지 제작이 연구나 디자인 개발 프로세스에 창의적으로 통합될 수 있는 방법과 도구로서 AI의 기회와 한계, 시각화한 내용에 내재된 편견을 비판적으로 식별하는 방법 등을 탐구한다"라며 AI 교육으로 학생들이 AI에 자신감을 갖게 한다고 했다.

칭화대학교(清华大学)를 비롯한 많은 중국의 대학들도 모델링, 애니메이션 등의 디자인 수업에 스테이블 디퓨전(Stable Diffusion)을 비롯한 생성형 AI 기술을 도입해 교육하고 있다. 아직 초보 과정에 머물고 있지만 중국 대학생들의 AI 교육과정에 대한 열망과 기대는 그 어느 때보다 진지하며 혁신적 산학연계로 교육과정은 더욱 발전할 것으로 예상된다.

그렇다면 우리나라는 어떠한가? 산업 전반에 걸쳐 AI가 영향력을 행사하고 있지만 교육 현장에서는 좀처럼 그 영향이 확대되지 못하고 있다. 특히 예술 교육에의 적용은 더욱더 그러하다. 저작권이나 창의성 문제에 명확한 판단이 서지 않은 이유가 크지만 기성세대의 무관심과 적대적 인식이 있는 것도 사실이다. 그러나 AI로의 패러다임 전환은 개인이 늦추고 싶다고 될 일은 아니다.

우리나라 교육부는 초등교육에서 중등교육까지 AI 교육을 필수로 하려는 입장이다. 또한 2020년부터는 AI를 전문적으로 가르치는 특성화 교육을 도입해 AI 융합 교육과정 고등학교를 전국적으로 34개교를 선정해 운영하고 있다. 대학교육도 이에 상응하는 AI 교육 방향으로 전환을 시도하고 있다. 이러한 시도는 교육 현장이 AI 교육으로 변화되고 있음을 보여 준다. 이제 AI를 교육을 위한 새로운 도구로 접근하던 학교들이 AI 자체를 교육하는 단계로 접어들었다.

AI에게 질문하는 법을 가르쳐라

디자인 교육은 디지털 기술 변화를 적극 수용해 왔다. 그동안 디지털 저작 도구로 활용되어 온 포토숍을 비롯한 다양한 그래픽 소프트웨어들이 그 증거들이다. 이제 생성형 AI라는 새로운 디지털 창작 도구를 받아들일 때다. 그러나 교육 활동에서 AI를 이용하는 학습을 금지하려는 교육자도 있다. 학생 자신의 창의적 사고를 AI가 방해한다고 여기기 때문이다. 이는 부정한 방법으로 AI를 사용하는 일부 학생의 문제다. AI를 올바르게 사용하는 방법을 교육받은 학생이라면 그의 상상력은 더욱 커져 AI의 사용은 오히려 장려되어야 한다.

AI는 무한한 옵션을 가진 도구다. 기존 도구들에 비해 혁신적 속도는 창의적 프로세스를 단순화하면서 아이디어를 구체화하는 최적의 방법을 제시한다. 따라서 예술교육에서 생성형 AI는 학생들의 새로운 창의력 훈련 도구로서 큰 역할을 할 수 있다.

학생들에게 AI를 교육하기 위해서는 먼저 학생들이 AI에 질문할 수 있게 가르쳐야 한다. 질문하기는 생성형 AI 활용의 출발점이다. AI를 향한 질문은 프롬프트에 작성하는 텍스트에도 있고, 우리 자신에게 던지는 윤리적이고 철학적인 질문에도 있다. 영국의 왕립미술대학(Royal College of Art) 디자인스쿨 학장인 폴 앤더슨(Paul Anderson)은 “디자인 교육 측면에서 AI는 우리를 새로운 공간, 새로운 미래, 새로운 도전으로 인도할 것이다. 나는 이것이 우리가 인간과 지구에 대해 일련의 질문을 던질 수 있게 해 줄 것이라고 믿는다. 이러한 질문은 매우 복잡하고 다차원적이며 문화적으로 중요하다. 교육자로서 AI는 우리가 자신을 다르게 볼 수 있게 도와주기 때문이다”라고 질문하기의 중요성을 강조했다.

창의적 질문으로서 프롬프트 디자인은 새롭게 변화된 예술 교육에서 반드시 가르쳐야 할 창의적 기술이다. AI에게 올바른 질문을 하기 위해서는 더 넓은 맥락으로서 사회적, 환경적, 기능적 문제의 지식이 필요하며, 이런 지식들은 미적 판단과 결합해야만 학생들이 독창적 결과물을 생성하는 데 도움이 된다. 따라서 AI를 이용한 미술과 디자인 교육에서 지식 기반의 미적 판단이 생성형 AI 교육의 핵심으로 자리 잡아야 한다.

참고문헌

한국문화예술교육진흥원(2022.9). 『해외 문화예술교육 기획리포트 2호, 변화하는 미국사회와 만나는 문화예술교육』. 한국문화예술교육진흥원.

Bamford, A.(2023.7.7). How are university design courses adapting to incorporate AI?. *Design Week.*: https://www.designweek.co.uk/issues/03-july-7-july-2023/ai-design-higher-education

Giannini, S.(2023.7). Generative AI and the future of education. UNESCO.: https://unesdoc.unesco.org/ark:/48223/pf0000385877

심형근

상명대학교 무대미술학과 교수다. 서울대학교에서 미술을 전공하고 홍익대학교에서 공간디자인으로 석사학위를 받았다. KBS 프로덕션 디자이너로 근무했다(1996~2007). 주요 저서로 『영화미술, 움직이는 회화』(2021), 『채널브랜드아이덴티티디자인』(2014), 『프로덕션디자이너: 영화미술의 역사』(2013), 『방송무대디자인』(2012) 등이 있다. 논문으로는 "영화로 가는 미술, 미술로 가는 영화"(2023), "영화 로얄 테넌바움 미장센에 나타난 감성색채 이미지 분석"(2020) 등이 있다.